MEN SHOULD WEEP

A Play in Three Acts

by Ena Lamont Stewart

∥SAMUEL FRENCH∥

samuelfrench.co.uk

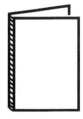

ABOUT THE AUTHOR

(1912–2006)

Ena Lamont Stewart was Scotland's first major female playwright. Since the 1980s there have been writers like Sharman MacDonald, Rona Munro and Liz Lochhead but, in the 1940s women playwrights barely existed in Scotland, or anywhere else. This general lack of interest in them was surely a major reason why Ena had so little of her work performed, despite having provided 2 outstanding plays for Unity Theatre, which greatly assisted the company's reputation and its box office.

Born 10 February 1912 in Glasgow, the daughter of a clergyman, she spent much of her life in the city and used to work as the librarian of Baillie's reference library. She married the Scottish actor, Jack Stewart, with whom she had a son and they both joined Glasgow's MSU Repertory theatre in Rutherglen, who produced her first play *Distinguished Company* in 1942.

Ena later commented in a programme note on her feelings about conventional drama of the time: "One evening in the winter of 1942 I went to the theatre. I came home in a mood of red-hot revolt against cocktail time, glamorous gowns and under-worked, about-to-be-deceived husbands. I asked myself what I wanted to see on stage and the answer was Life. Real life. Ordinary people."

In her next play, *Starched Aprons*, she used her own observations at the city's children's hospital, where she worked as a receptionist. She sent it to Glasgow Unity Theatre, where its production in 1945 proved tremendously popular. It was their first really successful play and toured to Edinburgh and to the Embassy Theatre, London. Ena was swiftly commissioned to write another work.

Men Should Weep was written for and produced by Glasgow Unity Theatre in 1947 but it was 7:84's revival in the 1970s that brought great acclaim to the play and in 2005 it was hailed as one of the top 50 plays of the 20th Century.

Ena's other produced plays are *Kind Milly* (Pitlochry Festival Theatre) and *Walkie Time* (Edinburgh Netherbow, Glasgow Strathclyde and Pitlochry Theatre and adapted for radio in 1975/6). There are other plays of hers which have not yet seen the light of day.

She was the founder member of the Scottish League of Dramatists and the Scottish Society of Playwrights.

She died in March 2006.

MUSIC USE NOTE

Licensees are solely responsible for obtaining formal written permission from copyright owners to use copyrighted music in the performance of this play and are strongly cautioned to do so. If no such permission is obtained by the licensee, then the licensee must use only original music that the licensee owns and controls. Licensees are solely responsible and liable for all music clearances and shall indemnify the copyright owners of the play(s) and their licensing agent, Samuel French, against any costs, expenses, losses and liabilities arising from the use of music by licensees. Please contact the appropriate music licensing authority in your territory for the rights to any incidental music.

IMPORTANT BILLING AND CREDIT REQUIREMENTS

If you have obtained performance rights to this title, please refer to your licensing agreement for important billing and credit requirements.

MEN SHOULD WEEP

First produced by Glasgow Unity Theatre, in association with the Arts Council of Great Britain, in the Athenaeum Theatre, Glasgow, on 30th January, 1947 with the following cast of characters:

MAGGIE MORRISON	Bertha Cooper
JOHN MORRISON	Charles Dinning
GRANNY	Anna Welsh
ALEC	Tom Scott
JENNY	Shenah Dalgleish
EDIE	Kate Donaldson
ERNEST	Job Robley
LILY GIBB	Maisie Hill
ISA	Lilian Paterson
MRS WILSON	Alrea Edwards
MRS HARRIS	Elspeth Cameron
MRS BONE	Agnes Murray
LIZZIE MORRISON	Elizabeth Gray
1ST REMOVAL MAN	Edward Boyd
2ND REMOVAL MAN	Arnold Dunn

Directed by Robert Mitchell

Subsequent productions at Glasgow Queen's Theatre, Edinburgh Little Theatre, London Embassy and Glasgow Theatre Royal included the following Scottish Players: Betty Henderson, Jack Stewart, Russell Hunter, Eveline Garratt, Sybil Thomson, Marjorie Thomson, Carl Williamson and Anthony Currie

The play was revived at the Royal National Theatre in the Lyttelton Auditorium on 26th October 2010 with the following cast:

MAGGIE MORRISON	Sharon Small
JOHN MORRISON	Robert Cavanah
GRANNY MORRISON	Anne Downie
ALEC MORRISON	Pierce Reid
JENNY MORRISON	Sarah MacRae
ERNEST MORRISON	Connor Mannion
LILY GIBB	Jayne McKenna
ISA MORRISON	Moven Christie
MRS WILSON	Lindy Whiteford
MRS HARRIS	Karen Dunbar
MRS BONE	Isabelle Joss
LIZZIE MORRISON	Thérèse Bradley
1ST REMOVAL MAN	Ben Adams
2ND REMOVAL MAN	Joseph Creeth
ENSEMBLE	Mark Armstrong, Sally Armstrong, Louise Montgomery. Chloe Pirrie

Directed by Josie Rourke
Designer Bunny Christie
Lighting Designer James Farncombe
Music Django Bates

CHARACTERS

MAGGIE MORRISON
JOHN MORRISON, her husband
GRANNY MORRISON, his mother
LILY GIBB, Maggie's sister
ALEC
JENNY
EDIE } the family
ERNEST

MARINA
CHRISTOPHER } the babies (voices only)
ISA, Alec's wife
MRS WILSON
MRS HARRIS } neighbors
MRS BONE
LIZZIE, Maggie's sister-in-law
1ST REMOVAL MAN
2ND REMOVAL MAN

The action takes place in the kitchen of the Morrison home in the east end of Glasgow

ACT I
   Scene One   A winter evening
   Scene Two   Towards midnight of the same day

ACT II
   Scene One   A week later. Afternoon
   Scene Two   A month later. Afternoon

ACT III   Christmas Eve afternoon

Time—1930s

Originally written for Glasgow Unity Theatre in 1947, *Men Should Weep* was revived to tremendous critical acclaim in 1982 by 7:84 Company Scotland and was subsequently seen at the Theatre Royal, Stratford East, London, in 1983 and later at the Royal National Theatre in 2010.

With a cast of four men, nine women and two children, this extraordinarily moving play depicts, through the Morrison family, the harrowing effects of poverty-stricken life on the East Side of Glasgow in the depression of the 1930s. At the centre is Maggie, the mother of seven children ranging from baby to adult, who holds the family together in the grim tenement slum, coping with unemployment, TB, errant children, prying neighbours and a censorious sister. Bleak, forthright and without sentimentality, the play is nevertheless tempered by a spirited sense of humour and ends on a note of optimism for the future.

'Ena Lamont Stewart's searing play is rich in contemporary echoes, as well as being an evocation of a nightmare world where privacy was unknown and where lives were all but destroyed by cruel circumstance. What takes it beyond other run-of-the-mill studies of working-class life is its defiant faith in the human spirit and motivation for something more than mere survival. It is also the only piece of theatre which succeeds in dramatising the economics of women's labour, whether domestic or sexual.' *Guardian*

'a powerfully resonant experience for today's audiences.' *City Limits*

'...it is an astonishing piece of work: open-eyed, warm-hearted, scrupulously fair in its portrayal of Glasgow tenement life in the Thirties; willing to leave to us the identification of economic villains offstage, and unwilling to applaud the working class simply for being working-class.' *New Statesman*

ACT I

Scene One

The kitchen of the Morrisons' home in the east end of Glasgow. A winter evening. 1930s.

Right centre a window with a sink beneath: below this a door to bedroom. Upstage centre kitchen range. Left centre bed recess, curtained: below this a door to the outside landing. Another door left of the range leads to another room referred to as "the back parlour".

Nappies hang on a string across the fireplace and the table, dresser, etc., are in a clutter.

CHRISTOPHER, *the owner of the nappies, is asleep behind the closed curtains with* **MARINA.** *These children are heard but not seen.*

GRANNY, *a shawl over her shoulders, is downstage left in her rocking chair, sucking a sweetie. All that can be seen of* **MAGGIE** *is her posterior as she hangs out of the window.*

MAGGIE Edie! Ernie! Wull yous two come in oot o that when ye're tellt! If I've got tae cry on ye again, it'll be the worse for ye, I'm tellin ye. *(She sinks into a chair and sighs, then yawns widely)*

GRANNY *(giving a companionable yawn)* Eh deary, deary me! *(Singing, none too tunefully)* "When the weary seekin rest to thy goodness flee, when the heavy-laden..."

MAGGIE Aw, cut oot the music, Granny, ma heid's splittin. Time you wis in yer bed.

GRANNY No yet, Maggie. No yet. The nicht's ower lang when ye're aul.

MAGGIE I canna be as aul as I feel then, for the nicht's a hell o a sight tae short for me; seems I'm no sooner in ma bed than I've tae rise. It's a right for you wi naethin tae dae but sit there an gant.

GRANNY Aye...that's a I'm fit for noo! Sittin an gantin.

MAGGIE I wish ye could pit yersel tae bed. Ye're as much bother as anither wean.

GRANNY That's right, cest up whit ye're daein for yer man's aul mither! *(Whining and rocking)* Oh, it's a terrible thing tae be aul wi naebody wantin yae. Oh, it's time I wisna here!

MAGGIE Time I wisna here tae; I should be reddin up the place a bit afore Lily comes. Right enough, if a woman did everythin that ought tae be done aboot the hoose, she'd go on a day an a night till she drapped doon deid.

GRANNY Eh? Whit's that, Maggie? Wha's drapped doon deid?

MAGGIE There's naebody drapped doon deid, Granny; leastways, *no here*. You'll no drap! You'll just sit it oot like it was a second roon o the pictures.

GRANNY I'll be away soon. *(Nodding her head)* Aye. It'll no be lang afore I'm awa. Aye. Ma lif's ebbin. Ebbin awa.

MAGGIE Och, it's been ebbin ever since I met ye; but the tide aye seems tae come in again.

GRANNY *(setting up a terrible wail)* Oh, that's no nice! That's no a nice thing tae say! But I ken the way it is, Maggie; I'm just an aul nuisance, takin up room. I'll awa back tae Lizzie's the morn. *(She sets the chair rocking fiercely and cries)*

MAGGIE Ye're no due at Lizzie's till the end o the month and she'll no take ye a day sooner.

GRANNY Oh, I'll no bother ony o ye. I'll awa tae the poorhoose an John can hae me boxed and buried frae there. It's him the disgrace'll fa on, no me.

MAGGIE Och, Granny, stop yer nonsense! Ye ken fine there's nae such a thing leastways it's got a fancy name noo. Onyway, John and me wad never send ye onywhere.

GRANNY Ye send me tae Lizzie's.

MAGGIE Aye...well... Lizzie's tae tak her turn.

GRANNY She disna want me. She's aye crabbit, is Lizzie. She's got a tongue wad clip cloots. A she's interested in's ma pension book.

MAGGIE Aye she's a right skinflint, is Lizzie.

GRANNY She's aye been able tae keep her belly well lined, Lizzie. *She's* had nae hard times! No like me, a widdy wi weans tae bring up.

MAGGIE Uch, I ken a that. It's ancient history. I live in the present. One day at a time. And, ma Goad! That's enough.

GRANNY *(after a pause, sudden shout)* Goad bless Lloyd George! Him that gie'd us wur pension books. *(Singing)* "GLORIOUS THINGS OF THEE ARE SPOKEN..."

MAGGIE Wheesht! Lay aff the hymns. Ye'll waken the weans.

Sure enough, she has: Christopher starts to cry.

There noo, see whit ye've done ye aul pest! And him teethin, tae.

She crosses to the bed and her head and shoulders disappear behind the curtain: she makes soothing noises.

Shoosh, shoosh, pet; go bye-byes.

Christopher continues to wail.

EDIE *comes in. She is about eleven, skinny and somewhat adenoidal. She wears a miscellaneous collection of cast-off clothing, her stockings are down about her ankles.*

EDIE Ma. Ma. Ernest won't come in. I tellt him, but he'll no. Ma. He said a bad word. He said: "Awa tae hell".

GRANNY *makes an exclamation of horror.*

GRANNY Oo! hell is whaur yon lad'll gang. He's needin a guid leatherin, Maggie.

MAGGIE I hevna the energy. *(To* EDIE*)* See's ower yon sugar basin, Edie.

EDIE *hunts out the sugar bowl,* MAGGIE *dips the baby's dummy into it and retires again behind the curtain: the wails cease abruptly. She emerges.*

EDIE Ma. Ma. I'm hungry, Ma.

MAGGIE Oh, stummicks! Stummicks! Am I no seeck o folks an their stummicks. Get yersel a piece.

GRANNY It seems a lang while since I had onythin. There wouldna be a wee drap left in the pot, Maggie?

MAGGIE If you'll gae aff quiet tae yer bed, I'll mak a wee cup and bring it ben tae ye.

GRANNY Wull ye? A nice hot cup. Wi sugar and condensed mulk? And a wee bit bread tae dip?

MAGGIE Aye. Come on.

GRANNY *struggles out of her chair.*

That's the girl. Ups-a-daisy! Edie, pit the kettle on and then come and help me get yer Granny out o her stays.

EDIE *(wailing)* Aw Ma! Must I?

MAGGIE Dae whit ye're telt or I'll tell yer daddy on ye.

MARINA *(offstage, from behind the bed curtain)* Mammy, can I hev a piece?

MAGGIE Are you wakened noo? The lugs you weans has on you! Edie, get Marina a piece. And if ye drap the jeely on the bed, Marina, I'll gie ye the daein ye should have got for spillin yer co-co-a last night.

MAGGIE takes GRANNY off left.

EDIE puts on kettle, cuts and spreads bread for MARINA and pushes it through the curtain.

EDIE Mind oot, Marina; the jeely's runny.

EDIE is busy with her own piece when there is a brisk knock on the outside door.

EDIE opens it to LILY GIBB, MAGGIE's sister: a spare, hard-mouthed woman in her thirties.

Hullo, Auntie Lily. Mammy's busy pittin ma Granny tae her bed.

LILY Hullo. *(Calling)* Hullo Maggie!

MAGGIE *(offstage)* Hullo Lily! Edie! I want ye!

EDIE *(putting down her "piece")* Aw jings!

She trails reluctantly off, making a face.

MARINA *(offstage)* Hullo Auntie Lily.

LILY *(going to the bed)* Hullo! Are you no asleep yet? Whit's this ye're eatin? Bread and jam at this time o night! Are ye no ashamed o yersel? An y're a jammy; wait till I wipe yer fingers.

She has a hunt for a towel which she dips in water and disappears again behind the curtain.

There noo, off ye go tae sleep.

She stands in the middle of the kitchen and surveys
MAGGIE's *muddle, sighs, takes off her coat and ties a
towel round her waist, rolls up her sleeves, wonders
where to start.*

*From the back parlour comes the sound of Bertie
coughing. It is a TB cough and it continues intermittently
throughout the scene.* **LILY** *takes from her shopping bag
a tin of baked beans and a bottle of cough mixture,
lays them down on the crowded table, then hunts for a
teaspoon, wipes it, goes to the door, upstage left.*

Bertie! Bertie dear! I'm comin ben tae see ye. I'm comin
wi something nice tae stop yer nasty cough.

She goes off with bottle and spoon.

MARINA *starts to sing.*

MARINA *(offstage)*
JESUS LOVES ME THIS I KNOW
FOR THE BI-BUL TELLS ME SO *(PAUSE)*
DID YE EVER SEE A DREAM WALK-IN?
WELL I DID.
DID YE EVER HEAR A DREAM TALK-IN?
WELL I DID.

Auntie Lily! Auntie Lily! I'm singin. D'ye no want tae hear
me singin? Auntie Lil-ly!

MAGGIE *comes in at a run.*

She swoops down on **MARINA** *behind the curtain and
extinguishes the song with a smart slap. A howl from*
MARINA. **MAGGIE** *emerges with the dummy which she
puts on the table.*

GRANNY *(offstage)* Maggie! Maggie! She's pullin the hair oot
o ma heid!

MAGGIE *(hurrying back)* Edie! Whit're you daein tae yer Granny?

LILY, *coming back with bottle and spoon meets her.*

I'll be ben in a minute, Lily; Goad, if it's nae yin, it's anither.

MAGGIE *goes.*

MARINA *(offstage)* Auntie Lily, I'm wantin a drink.

LILY Ye're no gettin one. Go tae sleep.

MARINA *(offstage)* Auntie Lily, I'm needin a drink o wat-er !

LILY *gives her a drink.*

EDIE *comes in and goes across to the window.*

EDIE *(shouting out)* Ernest! Ernest! You've tae come in at once. Ma's gonna wallop the daylights oot o ye... Auntie Lily, Ernest'll no come in. I came in when Mammy shouted on me; but Ernest'll no come in, so he'll no.

LILY *(dry)* Fancy that! Aren't you a wee clever? *(Surveying her with distaste)* Pull up yer stockings. Have ye nae suspenders?

EDIE *Suspenders?* No.

LILY Well, have ye nae garters?

EDIE No, Auntie Lily.

LILY Well, have ye nae elastic in yer breeks?

EDIE I've nae breeks.

MAGGIE *comes in.*

LILY Maggie, hes she no got a pair o knickers tae her name?

MAGGIE They're wore oot. I'll see whit I can get doon at the Mission – if I've onything left efter settlin the grocer.

LILY *(despairing)* Maggie, ye're aye in the same pickle.

MAGGIE Lily, money disnae stretch. Ye pit oot yer haun for yer change and whit dae ye get? A coupla coppers. A ten shillingy note's no a ten shillingy note ony langer. I dinna ken whit they dirty rotten buggers in Parliament are daein wi ma money, but they're daein *somethin*. John says—

LILY Ach, I'm no wantin tae hear whit John says aboot they bliddy capitalists. I've heard it a. It wisnae they bliddy capitalists gie'd you a the weans, wis it?

MAGGIE *(with her hearty laugh)* No that I mind o!

LILY John should think shame o himsel.

MAGGIE Wit way? He's a man and I'm a wumman. We're flesh an blood.

  EDIE, *all ears, looks from one to the other.*

EDIE Are you no flesh an blood, Auntie Lily ?

MAGGIE No, she's jist skin an bone.

  Christopher wakens up and starts to cry.

  He's teethin.

LILY He canna *aye* be teethin !

  MAGGIE *dips the dummy in the sugar bowl and the crying stops as she disappears behind the curtain.*

  Ye shouldna gie him sugar, Maggie; it's bad for worms.

MAGGIE Ach! Worms!

LILY Y're wastin him. As if it wasnae bad enough lettin him walk too soon and gie'd him rickets—

MAGGIE He has nutt got rickets!

LILY Whit else is bowly legs but rickets?

MAGGIE Bringin up weans is no as easy as it looks, Lily. Old maids are awfu good at the criticizin.

LILY I hope ye don't think I'm envyin you because you managed tae get the haud o a man. Look at ye! Dae ye never rin a comb through yer hair?

MAGGIE *(turning to the grinning, listening* EDIE*)* Edie, rin you aff tae yer bed.

EDIE Aw, Mammy! No yet! *(She scratches her head vigorously)*

LILY Here! Has she got somethin?

MAGGIE Edie, wis you scratchin? Come here! *(She seizes her and examines her head without mercy. Heaving a sigh of relief and thrusting her away)* Thank Goad! That's one thing I wull not have in this hoose...a loose.

EDIE Mary Harris has got them, so she has. Teacher says so.

MAGGIE Mary Harris! And her up this very close! Jist wait till I get the haud of that lazy mother o hers, I'll gie her a piece o my mind. Listen you tae me, Edie, there's tae be nae mair playin wi Mary Harris till she's got her heid cleaned. We've no very much this side o repectability, but there's aye soap and water.

LILY Tae look at her, ye wouldna think it.

EDIE I wis playing in the back coort.

MAGGIE Nae back-chat. Get oot the soap and flannel and dae yer neck in case the teacher taks it in tae her impident heid tae look the morn.

EDIE *drifts around.*

EDIE Ma, I canna find the flannel.

MAGGIE Noo, whaur did I lay it doon? I did Christopher before he went oot ta-tas...

LILY How you ever find onythin in this midden beats me.

MAGGIE Oh, here it is. It beats me tae sometimes. Edie, bend ower the sink till I scart some o this dirt aff ye.

LILY D'ye no tak aff her dress tae wash her neck?

MAGGIE Awa for Goad's sake! It's no Setterday nicht.

LILY She's old enough tae dae it hersel. The way you rin efter they weans is the bloomin limit. Nae wunner y're hauf-deid.

MAGGIE I'm no hauf-deid!

LILY Well, ye look it.

MAGGIE I canna help ma looks ony mair than you can help yours.

LILY The difference is, I try. Heve ye looked in the mirror since ye rose the morn?

MAGGIE I havena time tae look in nae mirrors; and neither would you if ye'd a hoose an a man an five weans.

LILY Yin o they days your lovin Johnnie's gonna tak a look at whit he married and it'll be ta-ta Maggie.

MAGGIE My lovin Johnnie's still ma loving Johnnie, whitever I look like. (*Finishing off* EDIE) Comb yer hair noo, Edie... I wonder whaur it's got tae?

They both look for the comb.

EDIE I canna find it Ma. Auntie Lily, could you lend us yours?

LILY (*starting to look in her bag, then thinking better of it*) I didna bring it the night.

EDIE I've nae beasts, Auntie Lily.

LILY Jist the same, I didnae bring it. Scram aff tae yer bed.

MAGGIE Aye, Edie, get aff afore yer feyther comes in frae the library.

LILY Oh, is that whaur he is?

EDIE *takes down from wall key to the outside WC and goes off.*

MAGGIE Whaur else wad he be? He disna go tae the pubs noo.

LILY Oh aye! I'd forgot he'd went TT.

MAGGIE Ye ken fine he's TT; but ye jist canna resist a dig at him. He hasna been inside a pub since Marina was born.

LILY That's whit he tells you, onywey.

MAGGIE My the tongue you have on you, Lily; it's a pity ye had yon disappointment; ye might hev been real happy wi the right man and a couple weans.

LILY holds out her sleeve and laughs up it.

LILY Dae you think *you're* happy?

MAGGIE Aye! I'm happy!

LILY In this midden?

MAGGIE Ye canna help havin a midden o a hoose when there's kids under yer feet a day. I dae the best I can.

LILY I ken ye do. I'd gie it up as hopeless. Nae hot water. Nae place tae dry the weans' clothes, nae money. If John wad gie hissel a shake...

MAGGIE You leave John alane! He does his best for us.

LILY No much o a best. OK. OK. Keep yer wig on! Ye're that touchy ye'd think ye wis jist new merriet. I believe ye still love him!

MAGGIE Aye. I still love John. And whit's more, he loves me.

LILY Ye ought tae get yer photies took and send them tae the Sunday papers! "Twenty-five years merriet and I still love ma husband. Is this a record?"

MAGGIE I'm sorry for you, Lily. I'm right sorry for you.

LILY We're quits then.

MAGGIE Servin dirty hulkin brutes o men in a Coocaddens pub.

LILY Livin in a slum and slavin efter a useless man an his greetin weans.

MAGGIE They're my weans! I'm workin for ma ain.

LILY I'm *paid* for ma work.

MAGGIE So'm I! No in wages – I'm paid wi love. *(Pause)* And
when did you last have a man's airms roon ye?

LILY *Men!* I'm wantin nae man's airms roon me. They're a
dirty beasts.

MAGGIE Lily, ye're mind's twisted. You canna see a man as a
man. Ye've got them a lumped thegether. You're daft!

LILY You're *saft!* You think yer man's wonderful and yer weans
is a angels. Look at Jenny...

MAGGIE *(instantly on the defensive)* There's naethin wrang
wi Jenny!

LILY No yet.

MAGGIE Ye wis like Jenny yersel once and don't you forget it.
There wis naebody fonder o dressin up and rinnin aroon
wi the lads.

LILY I went oot respectable! No wi the the riff-raff o the toon,
an a dressed up like a bloomin tart wi peroxided hair.

MAGGIE You mind yer tongue, Lily!

LILY I'm only tryin tae tell ye tae keep yer eye on her. I'm in
the way o hearin things.

MAGGIE Whit d'ye mean? Come on! Whit're ye gettin at?

LILY I'm sayin nae mair. But jist you watch her. Yon Nessie
Tait's a right bad lot, and her and Jenny's as thick as thieves.

MAGGIE *(troubled, sighing)* I canna blame Jenny for being fed
up. Wi Granny aside her, and Edie snorin wi her tonsils.
Jist the same, it hurts terrible tae hear her goin on an on
aboot leavin hame. I'm sure it's no ma fault! I've din ma
best! I've din ma best for every yin o them!

She starts to cry. LILY *stands and looks at her helplessly.*
She too sighs.

LILY I ken ye've done yer best. Ye've done great. But...ye have nae had a life fit for a dog! I jist wish there wis something I could dae for ye.

MAGGIE *(wiping her tears away with her hands, shaking her head at* **LILY***)* Oh Lily, ye dae plenty; ye've aye been good tae the lot o us.

LILY I dae whit I can...but it's nae much.

MAGGIE Oh aye, it is. There wis yon black puddin ye brung in tae us on Wednesday and the gingerbreid on Sunday, forbye a the cest-affs and the odd bobs...

LILY Och that's naethin. I brought ye a tin o baked beans the night. They'll mebbe dae yer dinner the morn.

MAGGIE If they're no ett afore.

LILY There ye are, see! Jist like you! I bring ye somethin for the morn's morn and it's ett afore ma back's turned. Och well, they're your beans. Hev ye been back tae the hospital wi Bertie yet ?

MAGGIE *(perturbed)* Naw...no yet. I wis that tired, I jist couldna think tae get masel dressed an trail awa up yonder.

LILY I tought the doctor said ye wis tae go back for an X-ray?

When very agitated, **MAGGIE** *"combs" her hair with her fingers: she does this now.*

MAGGIE I'll tak him up next week.

LILY Aye Maggie, ye've no tae pit it aff. He's nae weel, the wee chap. If you cannae go, whit's wrang wi John takin him? Whit's he got tae dae wi himself when's there's naethin daein for him at the Burroo?

MAGGIE Oh...he'll no go...no wi'oot me. He disnae like it... amang a they gossiping wifies, he says, an weans yellin in his lugs and fa'in ower his feet.

LILY *gives a snort of disgust.*

LILY Jist like him! Leave a the dirty work tae the women!

MAGGIE It's no like that – John's...*sensitive.*

> **LILY** *looks as if she is about to explode: she manages to control herself.*

LILY Well...onywey...somebody's got to see tae Bertie. I hope the bottle I brought him'll help.

MAGGIE Did ye get it frae the chemist, Lily?

LILY Aye. Of course! Whaur did ye think I'd get it?

MAGGIE It cost ye money.

LILY Forget it.

> **EDIE** *comes in. She hangs up the WC key.* **ERNEST** *is right behind her: he gives her hair a good hard tug and she yells.*

EDIE Ow! Let go ma hair, ye cheeky beggar.

> *She hacks his shins. He retaliates.*

MAGGIE *(seizing him roughly and clouting his ear)* Did I no tell you you wis tae come in hauf an oor ago? Did I? *(Clout)* Did I? *(Clout)* Well, you dae whit ye're tellt.

> **ERNEST** *wriggles just out of reach.*

Come you here when I want tae hit ye! *(With a final clout she pushes him away and brushes back her dishevelled hair)* Noo, get you tae that sink and wash yer face an hands.

> **ERNEST** *feebly soaps the flannel and washes a small area round his mouth and nose, then he draws it gently across the backs of his filthy hands and dries himself.*

LILY Some wash!

ERNEST Hullo, Auntie Lily. Did ye bring us onythin the night?

LILY Aye, but ye're no gettin ony the now.

ERNEST Aw! I'm hungry. Whit is it? A pie?

LILY Never you mind.

ERNEST A black pudden? ...a white pudden? Aw go'n; tell us.

MAGGIE It's a tin o baked beans; it's for yer dinner the morn.

ERNEST Aw, can we no get eatin them the night?

MAGGIE (*looking out of the corner of her eye at* LILY) Certainly
    nutt!

ERNEST Aw! Can I hev a jeely piece, then?

MAGGIE (*sighing*) Yon loaf wis new at tea time.

> *She cuts and spreads bread which* ERNEST *takes and
> climbs on to the sink, eating wolfishly.*

ERNEST Ma! I can hear the Bones's wireless. Ma! It's playin
    jazz! Oh *great!* ...Oh Ma, I wisht we had wan. Ma, when'll
    we get a wireless?

LILY When yer daddy's hied bummer o Fairfield's!

ERNEST Ma daddy disnae work in Fairfield's.

LILY Your daddy disnae *work*.

MAGGIE Some day we'll hae a wireless, sonny.

LILY Aye. And get a grand pianny when yer aboot it.

ERNEST When we get a wireless, I'm gonnae listen tae a the
    bands.

> *He seizes a spoon and starts to beat out a jazz rhythm
> on a tin tray.* MAGGIE *tears both of them from his hands
> and brings him off the sink with a smart jerk which
> lands him on the floor.*

MAGGIE (*pointing to the bed*) There's weans asleep in there!

> ERNEST *climbs back on to the sink. Noises from above
> indicate a brawl: this gets louder.*

ERNEST *(nodding towards the ceiling)* That's him bashin her.

LILY *and* MAGGIE *raise their eyes to the ceiling.*

MAGGIE Puir soul! *(To* LILY*)* Is that no fair awfu? At it again! Canna keep aff the bottle, him.

LILY I jist canna understand a woman lets her man bash her aboot. Catch *me* bidin wi him !

MAGGIE If ye've got weans, ye've got tae pit up wi the fella that gied ye them... My! That wis a dunt! The plaster'll be doon!

LILY I'll chap up tae them.

MAGGIE Aye, tak the brush – no that it'll dae ony good; they'll never heed, she'll be that busy dodgin... My...! I bet she'll hae a black eye the morn, but she'll never let dab how she got it. *(She clouts* ERNEST *off the sink)* Get you aff tae yer bed and don't sit there listenin tae yer elders.

ERNEST *goes off.*

LILY I see y're skelpin Ernest aboot plenty. I hope it does some good. Mebbe that's whit's wrang wi Alec; ye didnae skelp him enough when he was wee.

MAGGIE *runs her fingers through her hair: looks at* LILY*: shakes her head.*

MAGGIE *(agitated)* Don't start, Lily; don't start. I'm no needin your opinion!

LILY Eh? Whit's up wi you?

MAGGIE I'm no needin ony advice frae you, Lily. No aboot Alec. *(Long pause) I took it once. (She nods grimly at* LILY*)*

LILY Ach! Yon rubbish again! Ye're daft!

MAGGIE Ye cannae deny Alec's aye been delicate...

LILY There's naethin delicate aboot him noo – except the way he takes money aff ye... When did ye see him last ?

MAGGIE Oh...nae that lang since.

LILY Well, when ye dae see him...ach – never heed.

MAGGIE He's no owin you onythin is he?

LILY If he is, it's naethin tae dae wi you. Did he no come roon at the weekend?

MAGGIE *shakes her head.*

The dirty wee whippet! He can aye come runnin when he's wantin something; the rest o the time you can go tae the hot place for a he cares...! An him wi his pockets fu efter the dugs on Saturday. He couldnae even bring a poke o sweeties for the weans.

MAGGIE Wha telt ye he'd won at the dugs?

LILY Isa was boastin aboot it. He's bought her a swagger coat aff his winnins.

MAGGIE He'd gie that bizzom the eyes oot o his heid. Whit he sees in her...she's a right bad lot, yon.

LILY Aye, but you try an tell *him* that! It seems tae me, Maggie, that the mair ye cairry on wi ither men, the mair yer ain man thinks o ye. If ye sit at hame washin oot the nappies an blackleadin yer grate, all the attention ye'll get's a bashin on a Saturday.

MAGGIE Alec'd never lift a finger tae Isa.

LILY I wouldnae bet on that – if she riles him enough. Goad help her if he starts, for he'll no ken when tae stop. Ye mind yon tempers? Mind the time he jist missed me wi the breid knife?

MAGGIE *(covering her face with her hands and cringing)* Lily, I've enough tae keep me aff my sleep at nights wi'oot you rakin up the past.

LILY I 'm sorry, Maggie I didna mean tae upset ye.

MAGGIE It wis the day efter he threw the knife at you he got intae yon ither trouble...

LILY Maggie, forget it...

MAGGIE I'm no likely tae forget it...the Polis...and the Court... and yon Probation Officer.

LILY There's naebody but you remembers.

MAGGIE The neighbours does... Mrs Harris and Mrs Bone – and yon Wilson wumman – every time her an Alec comes face tae face, I can see her rememberin.

LILY He was only a lad.

MAGGIE There's times I think he's no much mair than that yet.

JOHN *comes in carrying books under his arm. He is a big, handsome man.*

He puts down his books, gives MAGGIE *a pat: they exchange warm smiles. He goes to the sink and has a glass of water.*

Ye dry, John? I'll pit the kettle on. I've jist minded I promised yer auld lady a cup in her bed.

JOHN She a right?

MAGGIE Oh aye. Jist as usual...greetin an eatin.

JOHN *(turning to* LILY *with as much of a smile as he can muster)* An how's Lil?

LILY I wish you'd leave aff cryin me Lil. Ma name's Lily.

JOHN An it couldna suit ye better.

LILY Whit d'ye mean by that, eh?

MAGGIE Don't you two stert up! I've had enough the day. *(To* LILY*)* He didna mean onythin.

LILY Well if he didna mean onythin he shouldna say onythin!

JOHN Goad help us!

LILY *(to* MAGGIE*)* Whit aboot yon ironin?

MAGGIE Och, never heed. I'm that tired it wad kill me tae watch ye.

LILY It'll be steamie day again afore ye've got that lot done.

MAGGIE Well, I canna help it.

JOHN Yous women! Ye've nae system.

LILY Oh, I suppose if *you* was a wumman you'd hae everythin jist perfect! The weans a washed and pit tae bed at six, an everythin a spick an span. Naethin tae dae till bedtime but twiddle yer thumbs. Huh!

JOHN I'd hae a system...

LILY
MAGGIE } *(together)* He'd hae a system!

JOHN Aye, I'd hae a *system!* Ony man wull tell ye, ye can dae naethin properly wi'oot ye hae a *system.*

LILY And ony wumman'll tell ye that there's nae system ever inventit that disnae go tae hell when ye've a hoose-fu o weans and a done aul Granny tae look efter.

MAGGIE Never heed him, Lily. Ye should see him tryin tae mak the breakfast on a Sunday; ye'd get yer kill! If he's fryin bacon, he's fryin bacon, see? He's no keepin an eye on the toast an on the kettle, an breakin the eggs intae the pan a at the same time.

JOHN Well, it's no ma job. If it *wis* ma job...

MAGGIE We ken: ye'd hae a system.

LILY Well, if you're sure there's naethin I can dae, Maggie, I'll awa.

MAGGIE Och no, wait and hae a wee cup wi us.

LILY Naw... I'll mak yin at hame and hae somethin tasty tae it. A rarebit, mebbe.

JOHN *(winking at* **MAGGIE***)* Aye, you dae that Lily; nae use hintin for ony rarebits here.

LILY *(not having seen the wink)* I like that! Hint! The cheek! It was me brung yon tin o baked beans that's sittin up on your dresser this minute, John Morrison!

MAGGIE Och, he's only pullin yer leg, Lily.

LILY If that's a sense o humour I'm glad I hevna got one. Yous men! I wouldna see one o you in ma road.

JOHN Oh ho! If a man jist crep ontae your horizon, ye'd be efter him like a cock at a grosset.

LILY *(hauling on her coat)* I'm no stayin here tae be insultit. Ye can keep the beans, Maggie, but that's the last ye're gettin frae me till ye learn some folks their manners. Aye. And ye can tell yon precious Alec o yours that the next time he maks enough at the dugs, tae get fleein drunk in the middle o Argyle Street, he can pay me back ma ten shillingy note.

She stamps out of the room, slamming the door.

MAGGIE Ye shouldna tease Lily, John. Yin o they days she'll tak the huff and no come back, and whaur'll I be then?

JOHN Puir Lily! Goad help her... *(Sotto voce)* the interferin bitch. Nae wunner she couldna get a man.

A burst of coughing from Bertie.

Wit aboot Bertie's X-rays? Did ye tak him up tae the hospital?

MAGGIE I'll go tomorrow. *(Suddenly)* Could you no – come wi me?

JOHN Maggie, I'm on casual labour; ye never ken whit's comin up. There might be work and there might no...

MAGGIE Aye...that's right...it's jist – I get sick tae ma stummick up there...and the wee chap...the nurse ca's oot the name an—

JOHN Get Mrs Harris tae go wi ye – or Mrs Wilson.

MAGGIE Aye, I could dae that... Is there onythin for ye the morn?

JOHN Three days – or mebbe four... Hundreds o us, Maggie, beggin for the chance tae earn enough for food and a roof ower our heids.

There is a knock at the door.

MAGGIE You go, John. It'll likely be yin o the neighbours.

JOHN *admits* MRS HARRIS *and* MRS WILSON: *both are highly excited and "puffed oot".*

JOHN Come in ladies, come in. It's aye open hoose here.

MAGGIE I hope it's no marge; I've nane.

MRS HARRIS I like that! Ye'd think we never come near ye except tae borry a wee tate this or that. We come in tae tell ye there's been an accident at your Alec's.

MAGGIE *jumps to her feet, eyes staring.*

MAGGIE Whit's happened?

JOHN *(bitter)* Has the Polis got him again?

MRS HARRIS The Polis is there; but they're no efter Alec.

MRS WILSON It's the street. Your Alec's street. The hooses has collapsed. The close next Alec's is the worst; they've pit a the fowk oot o it, and they've yon wee red lamps... Me and Mrs Harris wis jist new oot o the pictures and we seen the crowd, an I thought it wis a fire, but here, that's whit it wis...

MRS HARRIS Jist like an earthquake it wis...like yon fillum wi Jeanette McDonald and Clark Gable. There's a sink sittin oot in the open air...

MRS WILSON And ye can see right intae a bedroom and there's a chest o drawers...

MRS HARRIS And a pair o troosers hangin by the braces and nae man inside them.

MAGGIE Did you see oor Alec?

MRS WILSON Naw, we didnae see him.

MRS HARRIS Nor Isa neither.

MRS WILSON But they said there wis nae deiths. Yin chap got his heid split, but that wis a the casualties as faur as we ken.

MRS HARRIS Your Alec must hae been oot somewhere.

MAGGIE You'll gae roon, John, and see?

MRS HARRIS Och I wouldnae bother ma bunnet, Mr Morrison. The Polis would hae come roon for ye – Alec kens a the Polis hereaboots.

JOHN Ye mean the Polis a kens Alec.

MRS HARRIS Whichever way ye like tae pit it. It's a guid job it wis only a sublet; he'll hae nae furniture tae flit.

MAGGIE John, are you goin roon? If you're no, I am.

JOHN Aye, I'll go, but I'll be lucky if I find him this side of midnight. They'll be oot at the dancin, and when they dae come hame they'll be that pie-eyed they'll no care whether they've a hame or no.

MRS WILSON Still, ye should go, jist tae see it. Whit a mess! I wunner when thae hooses wis built?

JOHN The Industrial Revolution.

MRS WILSON Eh? I never kent we'd had a revolution! I thought it wis still tae come. Ma man says—

JOHN It's a damned nuisance, that's whit it is! Well, we're no havin them here, Maggie; they can find another room.

MAGGIE They'll no can find anither room the night, John.

JOHN Naw – well – they can look for one the morn; gie themselves somethin tae dae instead o lyin in their beds.

> **JOHN** *goes off.*

MRS WILSON My thae men! Nae word o sympathy! They're right hard nuts.

MAGGIE That's jist talk. If onythin wis tae happen tae ony o the weans, John would tak it bad. They canna staun up tae things like a wumman. They loss the heid and shout.

MRS WILSON *(nudging* **MRS HARRIS***)* Did yon picture the night no gie you an awfy thirst? Yon time they were swillin doon the champagne, ma tongue wis fair hingin oot.

MAGGIE I've jist made some – tea, I mean. No champagne. Sit doon. I promised a cup tea tae Granny a while back – it's a wunner she hasnae yelled.

MRS WILSON How's she keepin, puir aul soul?

MAGGIE Jist the same. She'll see *me* oot, I think.

MRS HARRIS Aye it's a trial for ye right enough. Wait till she's bedridden though, it'll be a hell o a sight worse.

MAGGIE That's right, look on the bright side.

MRS HARRIS When's she due at Lizzie's?

MAGGIE No till the end o the month. *(She pours and hands tea)*

MRS WILSON Ta. Whit'll ye dae if ye have tae pit up Alec and Isa?

MAGGIE Granny'll jist have to go tae Lizzie.

MRS HARRIS Puir soul! Yon Lizzie, she'd screw the teeth oot o yer heid if she could get onythin for them in the pop-shop. Did Granny ever get yon brooch she lost last time she wis wi Lizzie?

MAGGIE No.

MRS HARRIS I tell't ye. She'll never see it this side o hell.

MRS WILSON It's pathetic, so it is, the way Granny comes wi yon aul bed o hers, and taks it wi her when she goes. Old folks is an awfu problem.

MRS HARRIS They're no the only problem. Eh, Mrs Morrison?

MAGGIE *rises.*

MAGGIE I'll jist tak a keek in at Granny.

MAGGIE *goes.*

MRS WILSON Problems! She hasnae hauf got them. Puir Maggie. And she's no the only yin on this stair. The Bones wis at it again last night. He got overtime paid him. *(She draws down one eye with a forefinger and nods)*

MRS HARRIS Overtime? Is that whit she ca's it? Ach well, onyway, it's dough. And we can a day wi a bit extra. But there's some men ye jist canna talk oot o bein honest.

MRS WILSON Roon aboot here, the yins that's honest's feart they get nicked.

MRS HARRIS Oh I wouldnae say that; I wouldnae say that... *He's* honest – her John. *(She nods towards the door upstage left)*

MAGGIE *now appears at the door upstage left.*

MAGGIE Dead...

MRS HARRIS *(screeching) Dead?*

MAGGIE Dead tae the world. Sorry I've nae biscuits.

MRS WILSON Never heed; I've a sweetie left ower frae the pictures. *(She produces a poke and hands them round)*

MRS HARRIS Jenny no in the night?

MAGGIE No.

MRS WILSON I see she's got a new yin. Wee dark chap. I seen them the ither night.

MAGGIE Did ye? Fancy that. Hope ye took a guid look.

MRS WILSON I see she's become yin o they platinum blondes.

MAGGIE Aye – John disnae like it.

MRS HARRIS Somebody must hae tellt her that gentlemen prefers them. Wait till your Edie an ma Mary gets sterted! It'll no be lang the way they're gaun on these days.

MAGGIE Here! That reminds me! Ma Edie says the teacher says your Mary's got beasts in her heid.

MRS HARRIS *(a long screech of indignation)* Oh, the cheek! Beasts! Whit a thing tae say!

MAGGIE Can you deny it?

MRS HARRIS Oh, wait till I get ha haunds on yon bitch o a teacher!

MAGGIE Can you deny it?

MRS HARRIS I never heard the like!

MAGGIE You look me in the eye, Mrs Harris, and tell me your Mary's got nae beasts!

MRS HARRIS It's no fair, so it's no—

MAGGIE See! She canna deny it!

MRS HARRIS Ach well – whit's an odd louse?

MAGGIE I'll tell ye whit an odd louse is: it's the mither o a hale batallion that's no content tae bide on hame grun. So jist you get something frae the chemist's, or I'll get the Sanitary tae ye.

MRS HARRIS *(rising, with swelling bosom)* Oh, the Sanitary, is it? If you're for bringin in the Sanitary, there's a thing or two aboot the dunny stairs no being washed when it's a certain party's turn. Am I no right, Mrs Wilson?

MRS WILSON *(apprehensively)* Never heed the dunny stairs. Come on! *(She plucks at **MRS HARRIS**'s sleeve)*

MAGGIE Are you insinyatin that I don't take ma turn o the close?

MRS HARRIS No, I'm no insinyatin. I'm *telling* ye.

MRS WILSON Come *on!*

MRS HARRIS I'm comin.

She stalks with dignity at the heels of the scurrying
MRS WILSON.

MRS WILSON *(to* **MRS HARRIS***)* Fine you ken there's naebody
does the dunny till it comes up their humph.

MAGGIE *(shouting after them)* Mind! She's na playin wi ma
Edie till she's cleaned.

MRS HARRIS Ye needna fash yersel. I wouldna let her!

They go.

MAGGIE *slumps in her chair.*

MAGGIE Aw Goad! *(Sighing)* I'll need tae buy her aff now wi
some tattie scones or snowballs – or something. *(She looks
at* **LILY***'s tin of beans)* No, she's no gettin they beans.

The lights fade to blackout.

Scene Two

The same. Towards midnight of the same day.

A space has been cleared, centre, for a mattress on the floor with pillows, blankets, old coats. MAGGIE *is making up this "bed" as well as she can. She has on a nightdress covered by her coat.*

JOHN, ALEC *and* ISA *come in. They all carry a share of* ALEC *and* ISA's *belongings.* ISA *has on a tawdry dance dress: she and* ALEC *have had too much to drink, but only* ALEC *is maudlin.*

JOHN Don't make such a bloomin row; ye'll waken the hale hoose.

ALEC *(flinging down a battered suitcase)* I'm no makin ony row. *(Aggressive)* An I'm nae wantin ony favours! Can I help it if the bloody roof fa's in?

JOHN Mind yer langwidge; ye're in ma hoose, no in a pub.

MAGGIE *(hovering anxiously, placating)* Are ye a right, Alec?

ALEC Aye... I'm a right... Tae hear him, ye'd think I'd knocked doon the tennyment!

JOHN You couldna knock doon an empty midden-bin.

ALEC There ye are! That's whit ma feyther thinks o me. *(To* JOHN*)* Ye've aye been the same tae me. Despisin... Despisin. *(He turns slowly and unsteadily to* ISA*)* An her, her there... she's jist the same. I've got a wife an I love her. I love ye, Isa. I love ye. *(He paws her)*

ISA *(giving him a push)* Aw shut up ye wee nyaff.

ALEC I love her, but she disnae love me. When I want tae kiss her she shoves me aff – like that. *(His drunken gesture catches* ISA *in the stomach)*

ISA Ow! Ye drunken...

MAGGIE John, pit him tae his bed.

ISA Aye, that's right, Daddy; pit yer wee boy tae his bed.

JOHN *(to* **MAGGIE***)* Whaur's he tae lie?

MAGGIE Whaur *can* he lie? ...Aside Bertie an Ernie. Isa, you'll need tae share wi Jenny an Edie an Granny; I've pit through blankets for the sofa.

ISA Some sleep I'm gonna get. *(She sits down and kicks off her high-heeled slippers)* Goad! Ma taes are tramped tae pulp. Whit a rammy it wis the night.

JOHN Paying oot good money tae get battered aboot in yon crowd...

ISA You never went tae the dancin, eh? Hee-haw! *(She looks him over appreciatively and gives him a "certain smile")*

ALEC She shoves me aff but she disna shove *him* aff.

ISA Stow it.

ALEC I seen ye. I seen ye the night. Jist wait. Jist you wait! *(He sits)*

His eyes have difficulty focusing, but they have a very nasty look. **MAGGIE** *gives a little moan of distress.*

ISA That's whit he's like when we hev a night oot. He mixes them and I've got tae get somebody tae cairt him hame. Gie's a haun wi him, for Goad's sake!

ALEC *is swaying about in his chair, and muttering.*

JOHN *(to* **MAGGIE***)* Is he gaunna lie aside Bertie stinkin o stale beer?

MAGGIE Whit else can we dae, John!

JOHN Bertie's nae weel. *(He looks at his sprawling son)* Whit I'd like tae dae is kick him oot o the hoose.

ISA Aye, pit him oot on the stairheid.

MAGGIE *starts to cry.*

MAGGIE It's terrible! Whit's tae be done!

ISA He's useless. I'm seeck fed up wi him.

MAGGIE *You* hevna helped him ony.

ISA Ach, he wis a rotten tattie lang afore I was daft enough tae get landed wi him. If ye ask me, I've improved him. He'll dae whit I tell him, that's mair than you can say. I can twist him roon ma little finger. Come on, pimple! *(She takes him with a practised hand by the back of his collar and jerks him off his chair)* Well? Are ye gaunna let me cairry him masel? Gie's a haun... I'm wantin ma bed.

ISA *and* JOHN *take* ALEC *off, right.*

(as they go) Nighty night. Sleep tight.

MAGGIE Haud yer row! The bairns is sleepin.

She stands looking at the bedroom door, hands working nervously.

JOHN *comes out.*

They look long at each other without speech: then JOHN *comes to* MAGGIE: *he takes her in his arms and "pets" her.*

JOHN You get intae bed, Maggie, and rest yersel. *(Pause)* If ye can.

MAGGIE *doesn't move: she watches him sit down and light a Woodbine.*

Ma son! *(Pause)* I used tae think, when he was wee, it'd be rare when he grew up. He'd go tae the night-school an learn a trade – we'd be rare pals, him an me... *(Pause)* An look at whit I've got!

MAGGIE *(bursting into tears)* I've din ma best wi him! I have! I have!

JOHN I'm no blamin *you*, Maggie. If I'm blamin onybody, I'm blamin masel. A man's got nae right tae bring weans intae the world if he canna provide for them. *(Turning to her)* It's a wunner ye don't hate me.

MAGGIE *(wiping her cheeks with her hands)* Don't talk daft. It's because things have aye been right atween you an me that I can struggle on.

JOHN Struggle! Aye, ye've hit on the right word – struggle... *Weans!* They roast the heart and liver oot o ye!

MAGGIE Aye...but it's as if they wis tied on tae – ye they'll tug awa till the day ye dee.

JOHN Ye're right. I can get that mad at Jenny I could...hen she looks up at me wi that wee smile o hers an I can feel – I can *actually feel* ma heart turnin intae butter.

MAGGIE Jenny's your pet.

JOHN *(smiling)* Aye. Canna deny it. Didna see her the night. I suppose she was in bed time I got back wi that pair in there.

He nods towards the door. **MAGGIE** *doesn't answer: she puts a hand up to her mouth, afraid he'll pursue the question: then she gets into the bed.*

Well, I don't know whit's done it, the excitement or the vexation, but I'm damned hungry. Is there onythin tae eat? Hey! Whit aboot Lily's beans?

MAGGIE Whit aboot tomorrow?

JOHN *(hunting in the drawer)* Ach, tomorrow! Whaur's the tin-opener? Goad! It's never twice in the same place, Maggie.

MAGGIE I've nae system. *(She giggles)*

He finds the tin-opener, opens the tin, finds a pan and heats the beans, stirring and tasting.

MAGGIE Pit some o them aside for the weans the morn.

JOHN Aye right. A wee bit Ayrshire bacon would go great wi these.

They exchange a look of greedy longing and lick their lips.

MAGGIE It says on the tin: beans wi pork.

JOHN Pork? *(He lifts out a cube of something)* Could be onythin. Blubber. *(He eats it)* Aw, I've ett it a Maggie! The hale square-inch o it!

MAGGIE Aw, ye greedy thing! Fancy no haufin it wi me. *(She giggles)*

He hands her a plate of the beans.

That's ower much, John! I said keep some for the weans.

JOHN You eat the lot, I've kept some.

They eat. In the silence, there is a prolonged fit of Bertie's coughing: they look at each other.

Maggie ye'll need tae—

MAGGIE I ken. I ken. I wull go; but I'll hae tae bother Mrs Harris tae mind Granny and the weans...an I had words wi her the night.

JOHN Yous women! Whit wis it this time?

MAGGIE She said I didnae tak ma turn o the dunny stairs, an I said her Mary had somethin in her heid.

JOHN I've tellt ye and tellt ye! Can ye no keep yersel *tae* yersel?

MAGGIE No, I canna. It's only rich folks can keep theirselves tae theirselves. Folks like us hev tae depend on their neighbours when they're needin help.

He finishes his beans and takes away the plates. **MAGGIE** *lies back with a sigh.*

JOHN *(looking at her)* Ye're dead beat, Maggie. It's been too much for ye... Isa and Alec...

MAGGIE Aye – I'm gey tired right enough.

JOHN Some day we'll hae a real bed, Maggie.

MAGGIE On legs? I hevnae been on a bed since I wis in the Maternity wi Marina.

JOHN Here that'll dae! I'm no wantin nightmares... I'd better lock up.

MAGGIE Och, never heed...y're no needin tae lock the door.

JOHN *(turning quickly towards her)* So...she's no in?

MAGGIE *shakes her head.*

Whaur is she? Who's she wi?

MAGGIE She disnae say; she disnae tell me onythin noo.

JOHN By Goad, she'll tell me somethin! I'm for nane o this traipsin roon the toon till a oors.

He opens the window. A crowd of drunks are rolling homewards singing **"I'M ALONE BECAUSE I LOVE YEW, LOVE YEW WITH ALL MY HEART"** *with mouth-organ accompaniment.*

Listen tae that! Goad knows whit sort o scum's on the streets at this time o night. She's no gettin aff wi this.

MAGGIE Whit's the use? She pays nae attention when ye speak.

JOHN She'll pay attention tae me!

He looks out of the window, left and right, then closes it.

Nae sign o her.

MAGGIE It's they lassies she's got pals wi since she went tae the Sauchiehall Street branch. She'll no bring me naethin frae the shop noo...that feart the girls'll think onythin o gettin hame a few bashed tomaties an some ower-ripe bananas. I miss them; it wis a rare wee help... Marina loves a chipped apple.

JOHN Oh, so she'll no bring hame ony bashed fruit noo? I'll see aboot that! Ma word! Wait till ma lady shows up the night!

MAGGIE *(alarmed)* Ye've no tae be rough wi her, John.

JOHN It strikes me it's *past* time tae be rough wi her. She's changed a lot, Maggie! Jenny was never impident... *(Remembering the old JENNY)* Jenny was aye a kind wee lassie, aye ready for a laugh – for a she'd be a bit cheeky at times...but nae – nae yon hard look she's got aboot her this last while back.

MAGGIE I didnae tell ye, but...she's wantin tae leave hame.

JOHN *turns slowly, absolutely shocked.*

JOHN *Leave hame? (Pause)* Leave – us? Naw, she wouldna dae that. No Jenny. It's jist talk... *(Pause)* She *couldna* leave us! Whaur would she gae?

MAGGIE *shakes her head.*

MAGGIE Aye, it'll jist be talk. She'll be in soon, John. Come tae bed.

JOHN D'ye think mebbe I should gae oot lookin for her?

MAGGIE No! Ye'll only vex her. Come tae bed.

JOHN *Goad!* Time she was feart on angerin me! *(Strongly)* She's ma lass, and it's up tae me – aye and you – tae see that she behaves hersel! Vex her? I'll vex her a right! *(Pause)* Sh! Whit was that?

MAGGIE Bertie. I'd better awa through wi another dose...

JOHN I thought I heard someone at the close-mooth.

Bertie starts to cough: intermingled with it is JENNY's laugh, distant.

MAGGIE *(struggling up)* Oh, I'm that tired! Every bloomin night I've got tae rise...

JOHN Stay whaur ye are; I'll see tae Bertie.

MAGGIE The bottle's on the dresser, tak ben a spoon wi it.

JOHN *goes.*

As soon as he has gone out, there is the sound of **JENNY** *and a man talking softly, laughing together.* **MAGGIE** *goes quickly to the window and listens. When she hears* **JOHN** *returning, she scuttles back to bed.*

JOHN *comes in, sets down the bottle and spoon, opens the door and stands, listening.*

MAGGIE Come tae bed, John.

JOHN Jenny's doon there wi a fella.

MAGGIE If she's safe hame, ye needna worry...

JOHN I'm gaun doon. *(He puts on his jacket)*

MAGGIE Don't go doon, John – ye'll only vex her, I tell ye! Speak tae her in the mornin.

JOHN Whit's the matter wi ye, Maggie? Are ye no carin whit sort o a life Jenny's leadin?

MAGGIE I'm no wantin her tae leave hame! I'm no wantin ony trouble atween the three o us.

JOHN She's got tae be spoke tae.

He goes out.

MAGGIE *sits up straight, her eyes straining at the door through which presently come angry voices.*

JOHN *comes in holding* **JENNY** *by the arm. She is about eighteen, made up boldly (for the 1930s): her lipstick is spread over her mouth, her coat and blouse undone, her hair tousled.*

JENNY *(furious)* Leave me go!

She shakes herself free and she and JOHN *stand glaring at each other.* MAGGIE *is watching fearfully.*

Makin a bloomin fool o me in front o ma friend!

JOHN Where hae you been till this time o night?

JENNY That's nane o your business. I'm grown up noo.

JOHN Don't you speak tae me like that. I asked ye whaur ye'd been.

JENNY An I tellt ye! Nane o your damned interferin business!

MAGGIE Jenny! John!

JOHN *takes* JENNY *by the shoulders and shakes her.*

JOHN Where wis ye? Answer me!

JENNY At the pickshers.

JOHN The pickshers comes oot at hauf ten. Where wis ye efter?

JENNY *(sullen)* Wi Nessie Tait an a coupla friends.

He lets her go and she flops into a chair, glaring sullenly at him and rubbing her shoulder.

JOHN I don't approve o yon Nessie Tait.

JENNY That's a peety. I dae.

JOHN Ye impident little bitch! What I ought tae dae is tak ma belt tae ye.

JENNY Jist you try it!

JOHN The next time you come in here at this time o night wi yer paint smeared a ower yer face, I wull! Look at yersel!

He drags her over to a mirror, then propels her, resisting, to the sink, where, holding her head under his arm, he scrubs off her make-up.

There! And in future, you'll let yer hair grow tae the colour God meant it tae be an leave it that wey.

JENNY Mebbe I wull – an mebbe I'll no. It jist depends.

JOHN I'm wantin nae mair sauce frae you, Jenny. I'm speakin tae ye for yer ain good. Whit'll the neighbours think, you comin hame at this time o night an staundin in the close wi a man.

JENNY Whit dae I care whit the neighbours thinks? An I suppose you never stood in a close yersel?

ERNEST *appears at the door of the back parlour and stands there in his bare feet and wearing an old coat over tattered pyjamas, taking everything in.*

JOHN I ken ma ain sex, Jenny, an it's you I'm thinkin aboot.

JENNY Ye can save yer breath, well. I ken how to look efter masel. I'm no as green as I'm cabbage lookin an talkin aboot cabbages – I'm chuckin the shop.

JOHN Ye're daein whit?

JENNY You heard. I'm done wi the fruit an veg. Look whit they done tae ma hauns! Scoopin up clarty tatties an carrots the rats has been at, forbye yon aul skinflint that's the boss aye gaun on at ye, an aye checkin the takins. Naw. I've had enough o that.

JOHN And whit, may I ask, dae ye propose tae dae, my lady?

JENNY I've got a job.

MAGGIE *(eagerly)* Oh whit kind, Jenny? Whit kind?

JENNY In a joolers. Yon wis ma new boss I wis wi the night.

JOHN *and* **MAGGIE** *look at each other, disturbed.*

JOHN Is that so? Whaur's his shop? I'm yer fayther an it's ma right tae have a word wi this...new boss.

JENNY *(rather scared, but determined)* You've a fat chance o that, for I'm no tellin ye.

He takes her by the shoulders.

I'm no tellin ye naethin! I'm no tellin ye whaur I'm workin. I had enough o Ma waitin at the shop door every Friday closin time, wi Christopher yellin an Marina rinnin aboot, an Ma askin for chipped apples an bashed tomaties an disgracin me afore the hale shop.

MAGGIE I didna mean tae aggravate ye, Jenny. It wis jist that I wis aye needin yer money sae sair...

JOHN The impidence o ye! It's your duty tae hand ower every penny ye earn tae her that's looked efter ye a yer days.

JENNY Oh, is that so? Well ma duty's finished. From noo on, what I earn is mines. It's no ma job tae keep your weans. It's *yours.*

MAGGIE Jenny!

JENNY I didnae ask tae be born. No intae this midden. The kitchen's aye like a pig-sty...there's never ony decent food, an if there wis, ye'd hae nae appetite for it...an sleepin in a bed-closet in aside a snorin aul wife. Naw. I've had enough. I'm gonna live ma ain life.

JOHN *(placating)* Things'll no aye be like this, Jenny. I ken it's no the hame for you yer mammy an me would like, but it's no oor fault... It's – it's the way things are.

JENNY Ach! It's aye bad luck wi you. Every time ye loss yer job, it's bad luck.

JOHN Well, so it is bad luck! There's a depression on! D'ye no understaun?

JENNY I understaun fine. *(She looks at him contemptuously, and thrusts her face towards him)* Some men gets on an makes money, depression or no. Ithers hasna the brains.

JOHN *has caught her drink-laden breath.*

JOHN You've been drinkin!

JENNY *(a slight suggestion of fear underlies her aggression)* Whit aboot it?

JOHN Whit have you been drinkin?

JENNY Water!

JOHN By Goad! If ever a girl asked for it! *(He shakes her roughly)* Whit have you been drinkin?

JENNY Jist – a couple gins.

JOHN *(letting her go suddenly)* Right ye are, ma lady! Right ye are! No content wi paintin yer face and dyin yer hair an stayin oot hauf the night, ye're drinkin gin! Cairry on! Ye'll land in the gutter, and when ye dae ye needna come tae me tae pick ye up.

EDIE *appears at the other door.*

JENNY Ye needna worry! When I leave this rotten pig-sty I'm no comin back. There's ither things in life – so ye'd better hang on tae yer job this time. If ye can!

JOHN *hits her across the face.* EDIE *screams and runs across to her mother and gets in beneath the blankets.* JOHN *and* JENNY *face each other in a frozen silence, broken by* EDIE's *frightened sobbing: her mother's soothing noises.* MARINA *wakens up.*

MARINA *(offstage)* Mammy, is ma daddy drunk?

MAGGIE No, no pet. It's a right. Go tae sleep.

MARINA *(offstage)* I canna get tae sleep, Mammy... Is ma daddy angry?

JOHN *(to JENNY)* Clear aff you, tae yer bed.

JENNY *marches off with her nose in the air.*

MAGGIE *watches her go.* JOHN *goes to the bed and, opening the curtains, quietens* MARINA. *We don't hear what he says.*

MARINA *(offstage)* A right, Daddy. I'll go tae sleep. *(Pause)* Wull *you* go tae sleep if I go tae sleep, Daddy?

JOHN Aye I'll go tae sleep. *(He puts his head in his hands; whispering)* Christ!

He turns and sees ERNIE *still standing in the doorway.*

Wit are *you* daein oot o bed? Clear aff!

He assists ERNEST *off with a kick.*

ERNEST *goes.*

JOHN *walks slowly to the window and looks out into the night.*

MAGGIE *(timid)* Come tae bed, John.

JOHN *does not answer. He lights a fag-end and continues to stare out of the window.*

Curtain.

ACT II

Scene One

The same. A week later.

The kitchen is fairly tidy. GRANNY's *bed-ends and mattress are propped against the wall: she is sitting, dressed in her outdoor clothes and surrounded by her worldly belongings.* MRS HARRIS *and* MRS BONE *are keeping her company.*

GRANNY It's awfu tae be aul an kicked aboot frae yin hoose tae the ither.

MRS HARRIS Aw, cheer up, Granny. Have anither strippet ba. Whaur did ye *pit them? (She rummages through one of the bags and locates the sweets)* There ye are!

MRS HARRIS pops one into GRANNY's mouth. GRANNY takes it out again, looks at it, and, satisfied, sucks contentedly.

That'll keep her quiet for a wee while. Hoo's yer keeker the day? *(She peers at* MRS BONE's *mahogany-coloured eye)* Och, it's no near as bad as the last yin ye had. Whit did ye bump intae this time?

MRS BONE The mangle... Mrs Morrison's shairly bein kep a lang while at the hospital. I hope it's naethin serious we wee Bertie; yon's an awfu-like cough he's got. Nicht efter nicht I hear him hechin awa.

MRS HARRIS Aye. Chests is chancy things. I mind when oor Wullie had the pewmony, I wis up a day an a nicht. No a wunk o sleep did I get till he'd past the crisis...and there wis his feyther, lyin snorin his heid aff.

MRS BONE They men!

MRS HARRIS Aye, they men! But if their nebs is rinnin, they think they're deein.

MRS BONE I hope it's no pewmony wi Bertie, but I wouldnae be surprised, I wouldnae be surprised... I'm never surprised at onythin! I mean, aboot the human body I'm no surprised.

GRANNY Eh dear! I'm deserted! Lizzie's forgot me!

MRS BONE Nutt at a! Of course y're no deserted. She'll be here in a wee minute. *(To* **MRS HARRIS***)* Puir aul thing!

GRANNY I ken they way it is; I'm nae that dottled that I dinna ken I'm no wantit. I'm naethin but an auld nuisance tae Maggie an Lizzie.

MRS HARRIS Whit an idea! Ye're no an aul nuisance at a! I'm shair they'll miss ye something *terrible* when ye go.

GRANNY They'll no miss me. But they'll miss ma pension tae buy a bit bacon on a Friday nicht. Maggie aye bought a bit bacon wi ma pension. No that I got ony; I jist got the smell o it an a bit dipped breid. *(Pause)* She said I'd nae teeth tae chow wi. Wait till she's aul hersel wi nae teeth.

MRS HARRIS Aye, it's a terrible bad arrangement that. When ye loss yer teeth, ye should loss yer appetite wi them.

GRANNY Eh, deary dear! I'm wearied waitin.

MRS BONE *(giving* **MRS HARRIS** *a dig in the ribs)* Sing us a wee song, Granny, tae pass the time.

GRANNY *turns her head slowly and looks long at* **MRS BONE.**

GRANNY *(reproving)* Singin's for rejoicin.

MRS BONE *(with a giggle)* Oo, that's me pit in ma place!

GRANNY An I'm no gettin up an dancin the Hielan Fling for ye either. *(Darkly)* I'm jist sittin here...thinkin'...there's on-gauns in this hoose...yon lassie that Alec's mairret on...

MRS HARRIS Isa.

GRANNY Aye, Isa. She's a tink. A tink. Maggie should rin her oot o the hoose. Mark ma words.

MRS BONE Oh aye, Granny; we'll mark them.

There is a peremptory knock on the door.

That'll be Lizzie. Jist the cheeky kind o knock she'd hae.

MRS HARRIS *opens the door to* LIZZIE, *a hard-faced harridan about fifty.*

LIZZIE *(ignoring the others)* Well? Ye ready?

MRS BONE Ready? She's been sittin here waitin on ye for the last hauf-oor.

LIZZIE Got a yer claes packed? An yer pension book?

GRANNY Aye, Lizzie; it's here.

LIZZIE See's a look at it.

GRANNY *starts to fumble with her bag.* MRS BONE *goes to help her.*

Hev they men no been for the bed yet?

MRS HARRIS If they'd hae been for the bed it wouldna be staunin up against yon wa, would it?

LIZZIE *(taking the pension book from* MRS BONE*)* Here! Ye've drawn this week's. Ye got the money?

GRANNY Naw, Lizzie... I gied it tae Maggie.

LIZZIE Well, it's no Maggie's, it's mines. If ye're comin tae bide wi me, ye're no comin tae bide *aff* me.

GRANNY She got some things aff the grocer she'd tae pay for, an she wis needin a vest an socks for Bertie gaun up tae the hospital.

LIZZIE Oh? So Bertie gets new socks at ma expense, does he? And whit does she think you're gonna live on for the next week? Air?

MRS HARRIS Ach, leave the puir aul wife alane. Shairly ye can scrape up a bit tae eat for her; it's no as if ye wis takin in a big hulkin brute o a man tae feed.

LIZZIE I'm no takin in naebody tae feed. Folks that canna pay for their meat'll find nae room in ma hoose.

MRS BONE Oo! An her yer puir dead husband's mither. Oo! I'm surprised at ye, Lizzie Morrison.

MRS HARRIS I thought you said you wis never surprised – at anythin human.

MRS BONE That's jist whit I said: *anythin human.*

They both stare hard at **LIZZIE**, *then shake their heads at each other.*

LIZZIE I've tae earn every penny that comes intae ma hoose.

MRS HARRIS Aye, we ken that. An ye don't dae sae bad either, ye aul miser. Buyin up aul claes for a copper or twa an sellin them at sixpence a week...

MRS BONE Or she'll loan ye the dough tae buy them outright – at fifty percent.

MRS HARRIS Aye, she's got a right kind heart, she wouldnae see ye stuck; no if she could mak a guid thing oot o it.

LIZZIE Ye're jealous! Ye hevna the brains tae mak a bit yersels. But ye're no above tradin wi me when it suits ye. Aye, an gettin a bargain.

MRS HARRIS ⎫
MRS BONE ⎭ *(together)* A bargain? Frae *you?*

They look at each other and shake their heads.

MRS HARRIS I canna mind ony bargain.

LIZZIE Whit aboot yon veloory hat ye bought aff me?

MRS HARRIS Veloory hat? Veloory hat...? Oh, ye mean yon scabby aul felt bunnet wi the moultin bird on tap? Oh aye, I mind! If yon wis veloory, I'm a wally dug.

LIZZIE It wis veloory. It belanged tae a lady in Kelvinside whaur I did a bit on a Saturday.

MRS BONE A bit whit? Pinchin?

LIZZIE Here! I could pit ye tae the Polis for that.

MRS HARRIS No roon aboot here ye couldnae. They a ken ye.

GRANNY Oh' I'm nae wantin tae leave here! I wisht I could bide wi Maggie till I dee!

LIZZIE Bide then!

GRANNY Ye ken I cannae bide. Alec an Isa's needin the room.

MRS HARRIS Some folks is right selfish. You've naebody but yersel tae think aboot, an ye'll no tak the aul wife aff Maggie's hauns wi'oot kickin up a fuss.

LIZZIE *sits down and loosens her coat.*

MRS BONE I thought you wis in a hurry tae get aff?

LIZZIE I'm sittin right here till Maggie comes hame wi whit's left o Granny's pension.

MRS BONE Huh! Whit a hope you've got. Whit d'ye think'll be left?

LIZZIE Aye...mebbe y're right... In that case, I'll jist hae tae tak whit she bought.

She gets up and goes to open food cupboard. **MRS HARRIS** *grabs her.*

MRS HARRIS Here! Mrs Bone and me's in chairge o this hoose till Lily comes; you keep yer dirty aul neb oot of the cupboards or we'll shout for the Polis.

MRS BONE An y're no wantin *them*... no efter whit happened last Christmas. Wis it ten days she got, d'you mind, Mrs Harris, for yon wee fraud wi the Club fund?

MRS HARRIS Aye. Ten days. It wis right bad luck her bein fun oot, wasn't it?

A sharp knock on the door.

MRS HARRIS *lets in* **LILY**. *She looks around, surprised.*

LILY Maggie no hame yet?

MRS BONE No yet, Lily. They're keepin her a lang while at the hospital.

LILY And the men hasnae come for the bed?

MRS HARRIS Aw well, ye ken whit they Hoggs' men is; aye like the coo's tail and as much cheek when they dae show up.

LILY *turns to* **LIZZIE**.

LILY Well, Lizzie, nae sense in the baith o us hangin on – I'm here noo.

LIZZIE Aye. So I see... Didnae expect tae see you. Hev they sacked ye at las?

LILY I'm servin the night. I can shairly get a bit of the day tae masel. No that it's ony o your business.

LIZZIE Funny tae me the way you can aye be bobbin in an oot o Maggie's. Ye must hev an awfu nice boss... Or mebbe you're awfu nice tae him, eh?

LILY Jist whit dae ye mean by that?

MRS BONE Tak no notice o her, Lily. Her tongue's that rotten it'll drap aff yin o they days.

There are sounds of girlish laughter on the stairs and a cheeky rat-tat-tat on the door.

LILY *opens it to* **ISA**, **JENNY** *and* **ALEC**. *The girls are arm-in-arm and are convulsed with laughter at some joke not shared by* **ALEC** *who looks glum.*

ISA Aw Goad! The aul yin's no awa yet.

JENNY I tellt ye we'd rin intae them. It taks a stick o dennymite tae shunt Granny.

ISA Whaur's ma dear mither-in-law? Oot at the jiggin?

LILY Cut oot the impidence. Ye ken fine she's at the hospital wi Bertie.

ISA Keep yer wig on. I jist thought she'd hae been here tae welcome me wi oot-stretched airms.

LILY You'll get *ma* ootstretched airm in a minute.

JENNY *and* **ISA** *look at each other, lift their shoulders, heave mock sighs.*

JENNY *(to* **ISA***)* See whit I mean, Isa?

They both slowly survey the other women, looking them over, up and down and shaking their heads. **ALEC** *finds himself a chair of some sort.*

ISA Aye Jenny. I see whit ye mean... Ach well – they canna help it.

ALEC *sits.*

(to **ALEC***)* Get aff that an let me sit doon!

ALEC No, I'll no! I had it first. *(For a brief moment he faces her boldly, then he wilts and removes himself to lean morosely against the wall)*

MRS BONE *(enviously)* My, Isa! I could dae wi a leaf oot o your book!

ISA *gives her a long hard stare.*

ISA Oh aye... You're the yin that lives up the stair? Ye lost the battle years ago, hen.

JENNY *(to* **GRANNY***)* Well, ye've got plenty o company noo, Granny.

GRANNY Aye, plenty o company.

JENNY *(to the room)* She's got plenty o company, she says.

MRS BONE *(rising)* Well I'm shair I'm no one tae stay whaur I'm no wantit. Come on, Mrs Harris.

MRS HARRIS Aye, comin. *(To* **JENNY***)* You're a right cheeky wee bizzim, Jenny Morrison. Serve you right if the next time your Mammy's needin me or Mrs Bone, we'll no come; an you'll hae tae bide in.

JENNY Oh but I'll no be here! I've seen the last o you auld tea-sookin tabbies. This little birdie's flyin awa frae the nest... Pit *that* in yer pipe an puff it oot tae the neighbours.

MRS BONE An whaur is the little birdie flyin tae, may I ask?

JENNY Ye can ask, but that disnae mean ye'll be tellt.

ISA High time ye wis flyin, Jenny. Whit a nest!

LILY You wis glad enough tae fly in here when yon midden ye wis in fell doon aboot yer ears.

ISA Oh aye, but we're jist bidin meantime tae help the aul folk oot wi the rent. Ten shillins a week we're payin. Aren't we, Alec?

ALEC *(surprised)* Eh? Oh aye. Aye. That's right.

LIZZIE Gettin ten shillings aff yous and takin Granny's pension tae? Who says I'm no takin yon groceries?

LILY *(grabbing her arm)* I says.

There is a loud thump on the door.

JENNY *lets in the removal men.*

MRS HARRIS *and* **MRS BONE,** *who had been ready to go,*
sit down again.

1ST MAN H'ya Granny! For the road again, eh? My, the rare
time you hae tae yersel.

GRANNY *bows her head and starts to cry.*

Aw, cheer up.

GRANNY I'm nae wantin tae gae wi Lizzie. I'd raither bide wi
Maggie.

1ST MAN *(straightening up and looking at the grim-mouthed*
LIZZIE*)* Aye. Imphm.

LILY Come on, Granny. Ye ken Maggie's had ye near a year and
there's nae the room! And aside frae the room, Maggie's tired
oot wi Bertie *(looking balefully at* **ISA** *and* **ALEC***)* and a her
ither troubles. So come on, be a good girl. Eh? For Maggie.

She helps **GRANNY** *to her feet and collects her belongings.*
Meanwhile the second man has been whistling under
his breath and giving **ISA** *and* **JENNY** *the eye.*

2ND MAN D'ye fancy blondes or brunettes, Joe?

1ST MAN Jist so lang's they're *(he illustrates 'curved')* I tak
them as they come.

He goes 'click-click' to **JENNY** *who tosses her head.*

2ND MAN *(grabbing the bed-end)* Old iron, old iron, any any
any old iron. It's a wunner tae me this buggerin bed disnae
walk doon the stairs an oan tae the lorry itsel.

GRANNY I'll no be callin oan ye again, lads; I'll no gang doon
they stairs again, oxtered by Maggie an Lizzie. Next time
it'll be ma box.

LILY Och Granny, dinna talk daft.

GRANNY Na na Lily. I ken the Lord has beckoned me.

JENNY *and* **ISA** *snigger.*

ISA Well, next time he beckons, jist you go.

GRANNY *sets up a terrible wail. The* 1ST MAN *approaches* ISA *grimly: she looks up, surprised.*

1ST MAN Ye didna mean that, did ye? *Did ye?*

ISA *is taken aback.*

Tell yer Granny ye didna mean it.

ISA She's no ma Granny.

1ST MAN Tell her ye didna mean it.

ISA I didna mean it.

1ST MAN She didna mean it, Granny.

ALEC *(unsticking himself from the wall and cackling)* He soarted you, Isa! He soarted you!

ISA *turns a vicious look on him and he wilts.*

ISA Jist you wait!

2ND MAN Come oan, come oan, get a move oan. Here, we'll tak the bed doon first an come back for the mattress.

They go out with the spring.

MRS HARRIS My, whit a rare-lookin chap yon big fella is. And nice, tae. Bet he has his fun, eh?

JENNY It's no likely tae be wi you, hen.

MRS HARRIS I've ma ain man!

JENNY Aye. So ye hev. We've met on the stairs. Heavy breather.

MRS HARRIS Well, he's gettin oan!

JENNY Oh, is that it? I've whiles thought he wis trying tae get aff.

JENNY *and* ISA *clutch each other and giggle.* MRS HARRIS *glares at them.*

LIZZIE *(to* GRANNY*)* Well, if ye've had yer greet, we'll get on. *(To* LILY*)* An I'll get yon pension money oot o Maggie. I'm no as saft as I look.

ISA Saft? *Saft?* They dug you oot o a quarry.

LIZZIE If I wis you, Alec, I'd wallop that impident wife o yours till she wis black an blue.

ISA Wallop me? He wouldna dae that tae me, would ye, sweetheart?

ALEC *grins foolishly, and shuffles his feet.*

The men come back.

1ST MAN Ups-a-daisy! *(To* ALEC*)* Here, Mac, like tae gie's a haun wi the bed-ends? That'll let him tak doon the mattress.

ALEC *makes a move to comply.*

ISA Here you! Whit d'yous think ma husband is? A bloomin cairter?

2ND MAN Ye don't mean tae tell us you're merriet tae *him?*

He gives a long low whistle and shakes his head.

1ST MAN Come oan, cut it oot! We'll pit the mattress oot on the stairheid.

2ND MAN Aye, a right. Cheerio girls. Sorry we canna gie ye a lift on the lorry, Granny, but we're no allowed tae cairry livestock.

LIZZIE We'll tak a penny on the tram, and if yous two's no at the hoose in hauf an hoor, I'll ken whaur tae look for ye.

1ST MAN That's a right, sweetheart; come right in an we'll let ye staun us a pint.

They clatter off, whistling.

JENNY Bloomin cairters! Cheek!

LIZZIE, *none too gently, takes* GRANNY'*s arm.*

LIZZIE Come on then.

GRANNY Leave go! I canna rin awa!

*In the doorway, left wide open by the removal men,
stands* MAGGIE. *She carries Bertie's clothes over her arm
and his boots, laces tied together, dangle from her fingers.
She is sobbing. They all look up at her.*

LILY *(running forward)* Maggie?

MAGGIE *leans against the door-jamb and sobs helplessly.*

MAGGIE They've kep him in.

NEIGHBOURS Aw! Naw!

GRANNY Maggie, Maggie, she says ye're tae gie back ma last
week's pension.

MAGGIE Fancy them keepin him in... I never thought...

MRS HARRIS Is it the bronchitis, Mrs Morrison?

MAGGIE No it's no bronchitis, it's TB.

LILY *comforts her.*

MRS BONE I kent it! I kent it! I says tae *him*, I says, yon's a
TB cough!

LILY Shut up, you! Don't cry, Maggie.

LILY *puts her arms round* MAGGIE *and leads her towards
the chair occupied by* ISA.

(hissing at ISA*)* Shunt, you!

ISA *gets up.*

It's better for Bertie tae be in the hospital; they'll pit him
right there. Doctors are that clever noo.

MRS HARRIS TB! My! That's bad. Puir wee fella!

MRS BONE *(giving her a poke in the ribs)* Och awa! They can dae a soarts o things wi lungs. Ma sister Mary's hubby went up regular tae hae a lung taken oot and blew up an pit back.

JENNY Whit a lot o rot!

MRS BONE I'm tellin you, Miss Cleversticks! There's a big word for yon operation. Numey-somethin.

JENNY Lungs is no penny balloons. *(To the still sobbing* **MAGGIE***)* Och, Mammy, don't cry. *(Pause) Mammy! (To* **ISA***)* Ma Goad. Did I no tell ye? It's like this a the time! Yin trouble efter anither! I've never kent it ony different! D'ye *blame* me?

ISA *gives* **JENNY** *a sympathetic head-shake and they sigh in unison.*

ISA Like we said, it's no livin, is it?

GRANNY Maggie, I'm awa tae Lizzie's.

LIZZIE Aye we're awa. *(With an effort)* Sorry about the wean, Maggie. Ye should hae went up wi him afore. Come on then, Granny, or they men'll be at the hoose afore us.

She grips **GRANNY***'s arm:* **GRANNY** *fights her off.*

GRANNY I can manage masel.

At the door, **GRANNY** *looks back at the crowd, then at* **MAGGIE***, but* **MAGGIE** *is too upset to notice.*

LIZZIE *and* **GRANNY** *go.*

MRS HARRIS *(as the door closes behind them)* Och, the puir aul soul.

LILY *(appealing to both neighbours)* See! *(She indicates the sagging heap that is* **MAGGIE***)* Thanks very much for helping oot, but...

MRS HARRIS That's a right, Lily. Ye're welcome, any time.

MRS BONE *(a pat on* **MAGGIE***'s back as she goes out)* We'll tak a wee look in later tae see if there's onythin new.

MRS HARRIS *and* MRS BONE *go off together.*

ALEC, *who has slipped immediately into a vacated chair, chews his nails, his eyes on* MAGGIE.

MAGGIE He looked that wee in yon hospital cot, and the doctor said...he said...why was he no attendin the chest clinic? He was angry. He said something tae the nurse... *(She breaks into helpless sobs again)*

LILY *(taking the little shoes from* MAGGIE's *finger and folding* Bertie's *clothes)* Never heed, Maggie; never heed they doctors; they're aye crabbit at they clinic... Whaur's John?

MAGGIE He jist saw me ontae the tramcar at the hospital gates; he said he'd – *(She raises her eyes and looks pointedly at* JENNY*)* – be hame later.

LILY Oh! Aye. I get ye. *(She turns to look at* JENNY *who stares back at her resentfully)*

In the following silence, ALEC *gets up and crosses to his mother, sits on the arm of her chair and pats her back. She puts up a hand which he takes: she gives him a watery, loving smile.*

MAGGIE Ye a right, Alec? An Isa?

ISA Oh aye! I'm a right. Sorry aboot Bertie, but he's faur better aff in the hospital.

JENNY Aye, he couldna get well in this midden o a place, Mammy.

MAGGIE Tae think I ever grudged gettin up tae him in the night!

JENNY Och, *Mammy!*

MAGGIE Jenny, ye'll no leave us – will ye?

JENNY *(sighing)* Mammy, there's nae *difference.* Aye, I'm gaun. I'm jist waitin till Nessie gets back frae the factory so's I'll no go intae a cauld hoose.

MAGGIE *looks at her with eyes full of reproach.*

Uch! (She turns her face away)

MAGGIE Ye're breakin yer daddy's heart, that's whit ye're daein!

JENNY *doesn't answer.*

Ye'll – ye'll come back an see us – often, Jenny?

JENNY Aye, well – I'm no making any proamises. *(She gets up and goes towards the bedroom)* Ma, ye've got Daddy an Lily an Alec an the weans. Ye'll no miss me oot o the hoose. I'm hardly ever in it.

JENNY *goes into the bedroom.*

MAGGIE I dinna ken whit way we bring weans intae the world at a. Slavin an worryin for them a yer days, an naethin but heartbreak at the end o it.

ALEC Aw, come on Ma, cheer up.

He smooths her hair: she looks up at him gratefully, lovingly, and lays his hand to her cheek. **ISA** *looks at them and laughs.*

ISA Mammy's big tumphy! G'on, ye big lump o dough!

ALEC *disengages himself from his mother and grins feebly.*

LILY My you're a right bitch, Isa. Yin o they days you'll get whit's comin tae ye. Alec's no as saft as he looks.

ISA Is he no, Auntie? I'm right gled tae hear it.

JENNY *comes in with a suitcase.*

JENNY Well, I'm awa. Cheeribye, everybody.

LILY Goodbye. And good riddance tae bad rubbish.

JENNY *sticks out her tongue.*

MAGGIE Jenny, whit am I goin tae tell folks?

JENNY Folks? Ye mean the neighbours? If they've got the impidence tae ask, tell them it's nane o their bloomin business.

MAGGIE Oh Jenny, Jenny! Whit's happened tae ye, Jenny?

JENNY Whit's happened? I've wakened up, that's whit happened. There's better places than this. Jist because I wis born here disnae mean I've got tae bide here.

LILY Gie yer Mammy a kiss.

JENNY wavers for a moment.

JENNY *(tossing her head)* I'm no in the mood for kissin. Cheerio, Isa. Mind whit I tellt ye.

ALEC Aboot whit? *(He creeps forward, suspiciously to* ISA*)* Whit did she tell ye, eh?

ISA *(pushing his face away)* A bed-time story; but no for wee boys.

MAGGIE looks helplessly on, combing her hair with her fingers.

LILY Clear aff then, if ye're gaun!

ISA Ta ta, Jenny. See ye roon the toon.

JENNY Aye. Ta ta.

The door opens. JOHN *comes in.*

He and JENNY *look at each other.*

JOHN *(wretched)* I thought ye'd hev gaun.

JENNY Naw. Jist gaun.

He lowers his eyes from her face and stands aside to let her pass.

JENNY goes.

He turns and watches her from the doorway until her footsteps die away and the outside door bangs. Then he turns to MAGGIE.

LILY *goes over to* ISA, *gives her a shove, indicating the bedroom door: she does the same to* ALEC *who follows* ISA, *but with a backward look to* MAGGIE *and* JOHN. LILY *goes off by the other door.*

MAGGIE *(pointing to the pile of clothes with the little scuffed shoes on top)* John they've kep him in.

She starts to cry again: he comforts her.

JOHN I wis afraid o that; but it's better, Maggie, it's better.

MAGGIE I didna want him kep in; I didna want him left in a strange place! He'll be feart! He'll be cryin for his mammy!

JOHN I ken, Maggie. I ken. He'll be cryin for his mammy the way I'm cryin for Jenny. *(Pause)* Ma first bonnie wee girl. Aye laughin. Ridin high on ma shoulders... Tell me a story, Daddy... Tie ma *soo*-lace, Daddy... *(Despairing)* An I couldna mak enough tae gie her a decent hame. So! She's left us! She's as guid as deid tae us.

MAGGIE Naw! Ye've no tae say that! She'll come back.

JOHN *(shaking his head)* Naw. Naw. She's deid tae me. *(He sinks down into a chair and is silent)* If I could hae jist – jist done better by ye a. If I could hae... *(Head in hands, eyes on floor)* If! If! Every time I've had tae say "no" tae you an the weans it's doubled me up like a kick in the stomach. *(Lifting his head and crying out)* Christ Almighty! A we've din wrong is tae be born intae poverty! Whit dae they think this kind o life dis tae a man? Whiles it turns ye intae a wild animal. Whiles ye're a human question mark, aye askin why? Why? *Why?* There's nae answer. Ye end up a bent back and a heid hanging in shame for whit ye canna help.

The lights fade.

Curtain.

Scene Two

The same. A month later. Afternoon.

ALEC and ISA are quarrelling in the bedroom: their raised voices are heard off.

ISA comes out in a soiled, tawdry négligé with her hair about her shoulders, a cigarette hanging from her lip.

ISA Aw shut up! I'm sick o yer jawin.

ALEC appears behind her, half dressed.

ALEC I'm tellin ye, Isa, I'll no staun much mair! I'm jist warnin ye. That's a.

ISA An I'm warnin you! If you think I'm gaun on like this a ma life, ye've anither think comin. You're no the only pebble on ma beach, no by a lang chalk. If you want tae keep me, it's time ye wis makin a bit o dough again. I canna live on air.

ALEC *(placating)* Come an we'll go tae the dugs the night, Isa; mebbe we'll hae a bit o luck.

ISA Aye. *Mebbe.*

ALEC Mind the last time I won—

ISA Aye, an I mind the last hauf dizzen times ye lost... Whit did ye dae wi yon bag?

ALEC I flung it ower a wa.

ISA Ye stupid fool! I'm needin a bag.

ALEC It's no safe, Isa – ye've got tae get rid o the evidence – the Polis...

ISA Three quid and a handfu o coppers! A fat lot o use that is tae me. Why the Hell did ye no pick on a toff! We wis in the right district.

ALEC She looked like a toff; honest, Isa! She'd on a fur coat...

ISA Whit kind o fur? Rabbit? You're that dumb ye wouldnae ken. Next time, I'm no jookin up a lane, I'm stayin wi ye.

ALEC No ye're no! It's no safe. Ye've got tae be able tae rin fast.

ISA Rin! That's a you're guid for. Rinnin. It's aboot time I wis daein the rinnin. I'm sick fed up wi you. If I'd went wi Peter Robb I'd hae a fur coat an it wouldna be rabbit. An he's got a caur...

ALEC You say Peter Robb tae me again an I'll kill ye! I wull! I'll kill ye!

He gets hold of her by the throat: she makes strangling noises. He panics and drops her.

ISA *(frightened first, then angry)* You...! Ma Goad! *(Rubbing her throat)* You'll pey for that!

ALEC Isa! Did I hurt ye? I didnae mean tae hurt ye – I lost ma heid.

ISA Get oot! Clear aff oot o ma sight!

ALEC Isa, I'm sorry. I jist see red when ye talk aboot Peter Robb. I canna see naethin but him an you taegether an the way ye wis last night, cairryin oan wi him.

ISA Aye! Ye can use yer hauns a right on a wumman; but if ye wis hauf a man, ye'd have kicked his teeth in last night.

ALEC He's bigger nor me – he'd have hauf-killed me!

ISA Fancy me mairryin a rat like you. The joke wis on me a right.

ALEC Isa, I'll hae plenty again, you'll see... I've a coupla pals that's got ideas...wait on, Isa! I'll get ye onythin ye want...a fur coat an crockydile shoes – ye said ye wanted crockydile shoes – I proamise, Isa! I proamise! If ye'll stay wi me... I love ye, Isa; honest, I dae. I love ye.

ISA *Love!* Hee-haw! There's nae sich a thing. There's wantin tae get intae bed wi someone ye fancy...or wantin someone'll let ye lie in yer bed an no have tae work; but there's nae love. No roon aboot here, onyway. Don't kid yersel.

ALEC *(trying to take her in his arms)* That's no true! I love ye. I'm no fit for onythin when ye're oot o ma sight. I'm...lost waitin on ye comin back. I get tae thinkin...an wonderin whaur ye are...and if—

ISA If I'm behavin masel? Well, hauf the time, I'm no.

ALEC Isa!

ISA Aw shut up! *(She pushes him away)* Ye're aye wantin tae slobber ower me. If ye wis onythin decent tae look at it wouldna be sae bad, but ye're like somethin that's been left oot a night in the rain. G'on blow! I canna staun yer fumblin aboot – unless I'm canned. Get oot ma way. I'm gonnae get dressed.

She slams the bedroom door in his face.

He stands looking at it.

MAGGIE *comes in. Clearly she is dead beat. She has a shabby bag in one hand and a little jar of jelly in the other. She sets the jar on the table and sinks into a chair.*

ALEC *has not moved.*

MAGGIE Alec? Whit's the matter?

ALEC *(as if coming out of a trance)* Eh? *(He turns slowly to her)*

MAGGIE Is there somethin wrang?

ALEC Naw. It's a right.

MAGGIE You an Isa's been at it again.

ALEC She's threatenin tae leave me, Mammy!

MAGGIE Ye'd be better aff wioot her.

ALEC Don't you stert! I don't care whit you think! She's mines, an I'll no let ye speak against her, d'ye hear?

MAGGIE All right, all right... Aw, look at they dishes still sittin frae the mornin! Does nane o ye think o me comin hame tae this?

ALEC Aw shut up, shut up! *(He suddenly sweeps everything off the table, then stands staring at the mess on the floor)* Aw, I'm sorry. I didnae mean tae... I'll help ye clear it up. *(He looks up, pleading)* Mammy? Mammy?

MAGGIE *(on her knees)* Ye've broken the dish o jelly Mrs Ferguson gie'd me tae tak tae Bertie – the nurse said he could get a wee tate on his breid. Well, there's nae use greetin. Are the weans a right?

ALEC takes the debris from her and disposes of it at the sink.

Did Isa gie them their dinners? I asked her...

ALEC She's jist new up.

MAGGIE Jist new up? It's no fair! Naebody lifts a haun tae help me! I've tae go oot charrin a day and then come hame tae this! Whaur's yer feyther?

ALEC Hevnae seen him.

MAGGIE I suppose you wis in yer bed tae, a mornin?

ALEC I wis tired!

MAGGIE Too tired tae go doon tae the burroo? At least yer feyther does *that*.

ALEC Whit's the use? There's nae jobs.

MAGGIE Nae work for the men. Aye plenty for the women. Oh, I'm that sick I could see the hale lot o ye in Hell! *(Taking out her purse)* Would ye gae doon tae the chip shop and get a couple pies and some chips for wur tea?

ALEC *(squinting into her purse)* Aye a right, Ma.

MAGGIE Get ninepenny worth o chips an a tin o condensed. An then rin across tae the baker an see if there's ony stale tea-breid left. An if ye can find Edie an Ernest, send them up.

ALEC Ma, whit aboot a packet o fags?

MAGGIE There's nae money for fags.

ALEC Jist five Woodbine'll dae. I'm needin them.

MAGGIE Ye're no needin them, Alec. Ye're jist *wantin* them; an ye'll hae tae dae a lot o wantin afore ye're deid.

ALEC *(shouting)* Aw shut up preachin at me! Ma nerves is a tae Hell...! I feel like cuttin ma throat.

MAGGIE Whit wey is that tae talk?

ALEC There's nae use livin – naebody cares whit happens tae me.

MAGGIE Alec, ye ken that's no true.

ALEC If I chucked masel intae the Clyde naebody'd care. I wisht I could! But she's right – I hevnae the guts!

MAGGIE Alec, whit is it, son?

ALEC She says she's gaun wi Peter Robb. She says I'm nae use. Ma, I canna staun it if she goes wi him! I canna staun it!

MAGGIE My Goad! I'll gie that girl a piece o ma mind for gettin you intae this state. It's woke me up a bit tae find oot the way you twos been livin... Ye're shakin, Alec. Hev ye had onythin tae eat the day?

ALEC A cup o tea.

MAGGIE We should hae some spirits in the hoose. Whaur's Isa? Is she oot?

ALEC *points to the bedroom.*

Isa! Isa! Alec, lie doon a wee minute, ye're that white.

She helps him over to the bed: **ALEC** *is play-acting for all he's worth, leaning on her and half-whimpering.*

ALEC Oh ma, ye're that guid tae me.

ISA *comes out of the bedroom. She has a tawdry lacy, low-cut slip on, and over it a dirty film-starish négligé.*

ISA Whit's a the row?

MAGGIE *(emptying the contents of her purse on the table)* Alec's shiverin; he can hardly staun on his feet. Rin doon quick an get's a gill o whisky.

ISA A *gill?* There's no much in a gill.

MAGGIE An get a packet o Woodbine tae. An here! You've tae leave aff tormentin him!

ISA Me? Tormentin him? I'm no tormentin him!

MAGGIE Aye are ye! Threatenin tae leave him when ye ken he's that daft aboot ye. Goad kens why, for ye're a worthless slut if ever there wis yin.

ISA You keep yer insultin names tae yersel, ye dirty aul bitch!

MAGGIE I'll learn ye tae ca me a bitch! *(She slaps* ISA*'s face)*

At this moment JOHN *comes in.*

JOHN Here! Whit's a this?

ISA She hit me! She's that rotten tae me!

JOHN Maggie! Whit dae ye think ye're daein?

MAGGIE Naethin she didnae deserve. She ca'd me a bitch.

JOHN Well, ye're certainly actin like yin.

MAGGIE John!

JOHN Ma Goad! Whit a hell o a hoose tae come hame tae!

MAGGIE It's no ma fault! I've din a hale copper-fu o washin an scrubbed three floors an the hale lot o yous had naethin tae dae but lie in yer beds! Ye couldna even wash up a dish for me. It's me that aye has tae dae twa jobs when you get the sack.

JOHN Aw, shut up harpin on that string. It's no ma fault. I've been oot lookin for work.

MAGGIE Aye, I've seen yous men lookin for work. Haudin up the street corners, ca'in doon the Government – tellin the world whit *you'd* dae if you wis rinnin the country—

JOHN Shut yer mouth or I'll shut it for ye!

MAGGIE *(shocked)* John! *(Pause)* Whit I meant wis – ye could have tidied the place up afore ye went oot.

JOHN Tae Hell wi this Jessie business every time I'm oot o a job! I'm no turnin masel intae a bloomin skivvy! I'm a man!

ISA *(softly)* Quite right. A woman disnae respect a man that's *nae* a man. *(To* **MAGGIE***)* Well, whit aboot this whisky?

JOHN Whit's this? Whisky? There's nae drink comin intae this hoose!

ISA It's for Alec. He's nae weel, *she* says.

MAGGIE He's lyin doon.

JOHN If he's nae weel it's mair likely because his system's poisoned wi the stuff a'ready. Alec! Get oot o that bed an show yer face!

MAGGIE I tell't ye he's nae weel, John.

JOHN *goes across to the bed and drags* **ALEC** *out.*

JOHN Get ootside and breathe some fresh air, at least whit passes for fresh air roon here. Ye're gettin nae whisky. D'ye understan?

MAGGIE *(turning on him fiercely)* Who earned that moncy? You or me?

JOHN, *as if he had been shot, drops* **ALEC** *and turns away, slumps down in a chair and puts his head in his hands.*

ALEC *craftily sneaks some of* MAGGIE'*s cash and slinks out.*

MAGGIE, *resentful, eyes first* ISA *and then the demoralized* JOHN.

ISA That's the stuff! He's needin somebody tae tak him in haun. He's beyond me. *(She cries, not very convincingly)* I cannae dae naethin wi him.

MAGGIE Oh, wull ye listen tae her! See they crocodile tears? It's a wunner ye can squeeze oot a drap frae they wee marble eyes!

JOHN Don't cry, Isa; he's nae worth it.

MAGGIE It's her that's the worthless yin! If she'd leave him alane—

JOHN Maggie! That's no fair! She's upset.

MAGGIE *(bitterly hurt at* JOHN'*s perfidy)* Oh, yous men! Big saft idiots the lot o ye.

JOHN It's *your* fault. You spoiled him frae the day he wis born. He's still your wee pet lamb no matter whit he gets up tae.

ISA Aye, he's jist a great big baby. If he disnae get whit he wants, he greets; tears rinnin doon his cheeks. It fair scunners me. I like a man tae *be* a man. Staun up for hissel.

MAGGIE *(to* JOHN*)* And I like a man – *(her voice breaking)* – tae stand up for his wife.

She seizes her coat and hauls it on, jams on her terrible old hat (this should be black or dark brown) and goes to the table to pick up her money: when she sees how little ALEC *has left her, she can't help making a small sound.* JOHN *looks up.*

JOHN Here! Whaur d'ye think you're gaun?

She looks at him coldly and doesn't answer. She goes out.

There is a pause, then ISA *laughs.*

ISA Oh ho! Ye've done it on yersel noo, Daddy. She's in the huff. She'll no be speakin tae ye.

JOHN *(uneasy)* Och no – no. Maggie disnae take the huff hardly ever.

ISA comes up close.

ISA Ye'll get the cold shoulder in bed the night, eh? Nae fun and games!

JOHN *(genuinely shocked)* Isa! Mind who ye're speakin tae!

ISA I'm speaking tae you and why should I no? Ye're a man as well's ma faither-in-law.

JOHN moves away, goes to the window, pulls aside the curtains: throws up the sash and looks right, then left.

Goad! I'm freezin tae death! *(She hugs her arms and shivers)* Pit doon the sash.

He does so and returns, troubled.

JOHN I should hae gone tae the shops for her and let her hae a rest.

ISA The shops? She's awa lookin for her wee boy in case he gets intae mischief.

JOHN We shouldnae hae criticized him, Isa.

He smiles at her. They both burst out laughing.

ISA My! Your eyes when ye laugh... *(Pause)* Listen, don't you bother yer bunnet; it's no you she's mad at; it's me. She cannae staun the sight o me. Never could.

JOHN Och, I wouldnae say that, Isa.

ISA Right frae the stert. I took her wee boy away frae her. They're a the same, mothers. The first yin's aye his mither's big tumphy.

JOHN Aye, weel – mebbe they cannae help it.

ISA Mebbe no; but Goad help the wife that gets stuck wi the tumphy.

JOHN She's been a guid mother tae the lot o them, Isa, and Goad knows we've had a tough time.

ISA Aye, well – but she's been lucky. Lucky wi her man.

JOHN Come aff it, Isa!

ISA I mean it! I think you're great. Ye've – ye've an *air* aboot ye.

JOHN An air?

ISA Aye. As if ye wis somebody.

JOHN Hee-haw! In thae claes?

ISA There's some can see whit's *under* the claes – if ye ken whit I mean. If you wis single, you could get a job in Canada, or Australia. Or even England...but ye're stuck; pinned doon here wi Maggie and the weans.

JOHN (*feebly*) Y're no tae say anythin against Maggie, Isa.

ISA Oh, I'm no. She's a good sort. Kind o ready wi her hands – (*She feels her cheek*) – but nae wunner wi a they weans tae skelp aboot. Of course, that's her life...she disnae care... I mean aboot whit she looks like.

JOHN The kids has tae come first. And once ye've a faimly ye begin tae forget whit ye used tae look like when ye'd a few bob tae spare tae posh yersel up. Ye get intae the way o thinkin that it's nae worth botherin.

ISA (*bending towards him*) It's a night oot on the toon you're needin; make ye forget yer troubles.

JOHN When ye're on the dole, Isa, ye're lucky if ye can skin a packet o Woodbine.

ISA Aw, it's a right shame! D'ye no hae the odd (*she fingers a couple of notes*) win at the dugs? D'ye never get a tip?

For a moment the light of remembrance dear comes into his eyes, then fades: he looks at his boots.

JOHN Naw. It's nae worth it, Isa – they way ye feel efter.

ISA Och, a coupla aspirins and a guid dose...

JOHN Aspirins is for sair heids; no for bad coansciences.

ISA *(shaking her head sorrowfully)* And you in the prime o life. It's a right shame, so it is.

JOHN Shut up Isa, will ye? Juist shut up. I've had *nae* prime. I got married. Nae trainin. Nae skill; juist a labourer when there wis labourin needed; and when there's nane – the Burroo. And there's nae escape that I can see. *(With an effort)* But thanks a the same, Isa.

His head is bent. Impudently she tickles the back of his neck.

ISA Whit for, Daddy?

JOHN *(jerking up)* Here! behave yersel. You're askin for trouble!

ISA Whit sort o trouble had ye in mind, Daddy?

JOHN Don't ca me Daddy!

She giggles. He smiles at her.

EDIE *and* **ERNEST** *burst into the kitchen.*

ERNEST Whaur's Mammy?

JOHN Gettin in the messages, whit you should be daein for her. When I wis your age I'd hev got a good leatherin... You should be in here when your Mammy gets hame tae see whit she wants.

ERNEST Aw cripes! Ye cannae pit yer heid in the door but someone's jawin ye.

JOHN Cut it oot. Get on and redd this place up a bit.

ERNEST I dinnae ken whaur tae stert!

JOHN Neither dae I.

EDIE *starts to clear the table by the simple expedient of sweeping things on to the dresser.*

EDIE I'll set the table. Is the kettle on, Isa?

ISA Look and see. I'm nae wantin tea here; I'm gaun oot tae mines.

EDIE Gaun oot tae yer tea! My! In a rest-u-rant? Ye lucky dog!

ISA *goes off to the bedroom.*

ERNEST She'll be gaun wi yon big fat bookie she wis wi last night; he's got an Armstrong-Siddley. I seen it!

JOHN *(giving him a clout on the ear)* You keep yer trap shut.

ERNEST *makes a great row, holding his ear and trying hard to cry.*

MAGGIE *comes in. She doesn't look at* JOHN *but goes to the table and puts down a loaf, a tin of milk and a parcel of chips. Then she takes off her hat and coat.*

JOHN *(sheepish)* Ye werena lang.

She looks at him, stoney eyed. EDIE *looks anxiously from one to the other and* ERNEST*'s crying dies to a whimper.* MAGGIE *lifts the kettle to put it on.*

EDIE *(eagerly, taking it from her)* I'll dae it, Mammy.

She fills the kettle and sets it on the cooker. JOHN *picks up his library book and turns his back on the lot of them.* ERNEST *sits too, but his eyes follow his mother about: he is not used to this silent, grim-mouthed woman. The smell of the chips is too much for him, and, while his mother busies herself cutting the loaf, he creeps to the table, opens the parcel up and sneaks out a chip:* EDIE *steals up on him as he is stretching out for another and hits him. He lifts his foot to give her a kick on the behind and* MAGGIE, *turning at that moment, sees the scuffed toe-caps of his boots and what remains of her self-control gives way.*

MAGGIE *(screaming at him)* Look at yer new boots! *(She seizes him, shakes him and hits him)* Ye've kicked the taes oot o them again! I'll learn ye tae play fitba' in yer best boots.

Crying hysterically, she belabours **ERNEST** *who tries to get away, yelling, but she holds on.*

Whaur d'ye think I'll find the money for anither pair? Oh, I cannae staun ony mair o this... I cannae staun it!

She collapses in a storm of weeping. **EDIE** *joins in out of fear and sympathy, and* **JOHN** *jumps up in alarm. He goes to calm her.*

(shouting at **JOHN**) Leave me alane! Leave me alane! I hate ye! I hate the hale lot o ye!

In a storm of tears she blunders out of the room.

JOHN *gathers the two frightened children to him and sets down an arm round each.*

JOHN Wheesht, wheesht, the baith o ye; wheesht. Listen. Listen tae me. Edie, Ernie, listen. I'll try tae explain. *(He sighs)* Yer mammy's no really angry at ye...

The children's tears stop in a series of sobs and hiccoughs.

Your mammy's just tired. She's been oot a day cleanin ither folks' hooses, and mebbe we ought tae hae helped mak things a bit easier for her.

EDIE *nods her head vigorously.*

When women gets that tired they kind o loss their heids; ye unnerstaun?

EDIE I wis feart, Daddy. I've never been feart o' ma Mammy before.

JOHN She'll be sorry ye were feart, Edie.

ERNEST Daddy, am I no tae get playin fitba again? I hevnae
got nae ither boots; the auld yins crushed ma taes. I'm the
centre-forward! Ma chinas'll kill me if I'm no in the team.
Some o them's got real fitba boots. Daddy, could you no get
us a pair o real yins?

JOHN I'll try, son. I'll try.

ERNEST Bobbie Gray got his at the barras.

JOHN (*a gleam of hope*) Oh aye there's the barras. We'll need
tae see whit Mammy says.

ERNEST (*a despairing cry*) Aw naw! She's a wumman; she
cannae unnerstaun men!

EDIE I'm awfu hungry, Daddy and the chips is gettin cold.

ERNEST (*desperate*) Wull ye try, Daddy, wull ye?

> JOHN *bows his head, holds it between his hands and*
> *groans.*

JOHN (*to himself*) Try. Try. As if I didnae try.

> EDIE *plucks his sleeve.*

EDIE So could we no juist hae wur tea, Daddy? Mebbe ma
mammy's gone tae her bed.

JOHN Aye. We'll hae wur tea.

> *The children sit at the table and dive into the chips.*
> JOHN *slowly and painfully locates the teapot and makes*
> *tea. He sets out cups: lifts the teapot and looks at the*
> *door through which* MAGGIE *had disappeared plainly*
> *wondering if he dare take her a cup.*
>
> *The door opens and she appears, her face begrutten,*
> *but calm.*

MAGGIE Well, come on then, come on! Which o yous has found
the strength tae mak the tea? (*In a whisper to* JOHN) I'm

sorry. Coulnae help masel. Think I'm needin something tae eat.

JOHN *(patting her)* That's a right, lass.

EDIE *offers her mother the chips.*

MAGGIE Naw, hen! I'm no for a chip. They gie me the heartburn. *(She sits down and stretches for bread and butter: with a piece halfway to her mouth she stops and gives a kind of laugh) Heartburn!* I wonder whit kind o a male idiot called indigestion heartburn? Ma Goad! I could tell him whit heartburn is! Ma Goad! Couldn't I no!

Curtain.

ACT III

The same. Christmas Eve afternoon.

*The kitchen is clean, tidy and festive: decorations, vase
of paper flowers, etc. A wireless set to which* ERNEST's *ear
is glued. He has on new football boots – which from time
to time he caresses – and between them and the jazz to
which he listens in ecstasy, he is in a world of his own.*

MAGGIE, *in a new dress, is bustling in and out:* GRANNY
*is back in her rocker in the corner: she sighs, shakes her
head: smiles now and again: even gives an occasional
cackle to herself.*

MAGGIE Och Ernie! That's enough o that hootin an tootin. Why
do they no keep tae the tune the man made?

ERNEST Ma! It's *swing!*

MAGGIE I ken it's swing; and they deserve tae swing for it. *(She
listens)* Yon's no music.

ERNEST Ma, it's the latest! Listen! *(In awe and admiration)*
That's Louis Armstrong on the trumpet! Dazzlin!

MAGGIE He's clean lost control.

ERNEST He's improvisin. That means daein a sort o turn.

MAGGIE Well, you dae a turn for me, son – wi yon knob.

ERNEST *Ma!*

MAGGIE Turn the knob. I'm no sufferin ony longer. See, oot
ma way! *(She gives him a clout and fiddles until she gets
choirboys afloat on carols)* There noo! *That's* music. Holy
music. *(She sings with the choristers)*

ERNEST *(sotto voce)* Who's wantin holy music?

He starts dodging about the kitchen, trying imaginary tackles, dribbling, etc. MAGGIE, *polishing her few bits of brass-ware, still helping the choir boys, pays no attention to him.*

GRANNY's *old head turns slowly from the footballing* ERNEST *to the carolling* MAGGIE.

GRANNY I cannae understaun this hoose. There's aye a din, even when ye're supposed tae be happy. *(To* ERNEST *who has got dangerously close to her)* Keep awa frae ma bunion wi they tacketty boots!

ERNEST Tacketty boots. Cripes! They's fitba boots, Granny.

GRANNY I ken they're fitba boots, and the kitchen's nae a fitba pitch.

ERNEST *(doing imaginary headers)* Cripes! Wummen!

GRANNY Whit wey d'ye no gang ootside wi yer fancy boots an play wi a real ba?

ERNEST Because I'm waitin on ma daddy.

MAGGIE *(singing to* **"O COME ALL YE FAITHFUL")** He's waitin on his daddy, he's waitin on his daddy, wha's oot at the shops.

GRANNY Mair spendin. Ye'll rue the day. I'm tellin ye.

JOHN *comes in looking happy and confident. He unwinds the muffler he wears and flings it aside disclosing a smart collar and tie: he keeps his other hand behind his back, holding a brown paper hat bag tied at the neck with string.*

ERNEST Hurray! Daddy! Did ye get it for me?

JOHN No yet, Ernie. Haud yer horses. You're no the maist important pebble on ma beach. *(He grins across at* MAGGIE*)*

ERNEST Aw Daddy, ye promised ye'd bring back a ba.

GRANNY Gie him a bat on the ear instead, John.

JOHN You buzz aff ben the back parlour: you an me's gaun oot later. It's yer mammy's turn noo. Maggie! Here.

ERNEST goes reluctantly.

MAGGE turns down the choristers and comes over.

MAGGIE Whit is it ?

JOHN *(beckoning her closer)* Nievy-nievy-nick-knack, which haun will ye tak?

MAGGIE Is it ma Christmas?

JOHN Whit d'ye think? Come on. Nievy-nievy—

MAGGIE Och John, ye daft scone!

She deliberates: chooses one hand, he shifts, teasing her before he hands over the hat bag.

MAGGIE It's a hat!

GRANNY *(screwing round to see)* Mair money than sense. Ye'll rue the day, the baith o the two o ye. Waste not, want not. Ye'd think ye'd won on the fitba thingammies.

MAGGIE is busy undoing her present.

JOHN Listen, aul yin. This is the first Christmas I've had a decent job for ten year; it's gonnae be the best. The *best!* It's gonnae be somethin for Maggie and me tae remember when we're a coupla toothless aul has-beens.

GRANNY snorts. MAGGIE has torn off the paper and brought out a red hat: it is a bright hat but not fussy: it might be felt with a bow. It is not a comic piece with a feather sticking up or even lying down. She is quite overcome.

MAGGIE Oh John!

JOHN *(his pleasure matching hers)* Well, come on then; let's see ye in it.

MAGGIE *is sorting out the front from the back:* **JOHN** *sees the price ticket still dangling and rushes to tear off the tag which he pockets.*

MAGGIE *Watch! Ye'll rive oot the linin! (Fondly)* Ye great muckle ham-fist... Did it – cost an awfu lot, John?

JOHN Ye don't ask the price o presents, Maggie. Ye forgot that, didn't ye? *(He smiles ruefully)* Nae wunner. Let's see ye in it.

MAGGIE, *at a small mirror, settles the hat on her head with care, turning to* **JOHN** *for approbation. He nods. She gives him a kiss, almost in tears. He puts his arms round her, patting her back,* **GRANNY** *gazes at them and tut-tuts.*

GRANNY Fancy you wi a red hat. Yon's nae a colour for an aul wife, Maggie.

JOHN We didnae invite your opinion, Granny.

GRANNY Weel, I'm giein it ye for naethin. Black would hae been better. When's she gonnae wear yon? There's nae weddin comin aff that I ken aboot. A red hat!

JOHN She can wear it whenever she wants.

GRANNY Maggie never gets further than the Copey; when they're a done gawpin at it in there, she'll hae a face tae match it.

MAGGIE Never heed her, John. I think it's lovely. *(She strokes it)* Wait till Lily sees it!

GRANNY A red hat! It's no as if she ever sets fit in the kirk door. A croshay bunnet would hae done her as weel.

MAGGIE Aw shut up, Granny! Ye're spoilin it on me! *(To* **JOHN***)* Did ye get a wee thing for her Christmas?

JOHN Naw. I wis too busy tryin hats on a wee lassie in C & A's. I'll get her something when I gae oot wi Ernie. No that she deserves it, the aul soor-dook.

MAGGIE That'll dae ye; she cannae help bein a done aul wife.

GRANNY I heard ye! I heard ye! Wait on, Maggie, wait on. Yer ain day'll come by yer son's fireside. Nae wantit.

JOHN Goad! Whit can ye say?

MAGGIE Granny, it's Christmas and John's got a job. We're gaun tae have a merry Christmas.

JOHN Aye, and you too. When ye waken the morn, ye'll find a stockin hangin on yer bed rail.

GRANNY A stockin? *(She sniggers)* A stockin! Stockins is for weans.

JOHN Aye, that's right.

MAGGIE I think I'll chap Mrs Bone for a wee cup wi us. Her man'll be oot on the batter.

She knocks on the ceiling. There is an answering thump.

JOHN Well, I'll tak Ernie oot then for his fitba.

MAGGIE Aye, and get wee Marina's pianny. And if it's ower dear, see if ye can get a dolly's tea set.

JOHN Aye. Right. *(Shouting)* Ernie! Ernie! Come oan! You and me's for aff. The wummen's gatherin.

MAGGIE, *still with her hat on, puts on the kettle and sets out cups, etc.*

Ernie comes in whistling and bouncing an imaginary ball.

JOHN *tackles and they career around,* GRANNY *guarding her feet.*

MAGGIE Mind ma polished lino!

A knock on the door.

JOHN *lets in* **MRS BONE** *who is closely followed by* **MRS HARRIS**.

JOHN Come awa ben. Maggie's got the kettle on.

MRS BONE Ta. I chappit Mrs Harris in the passin.

JOHN Quite right.

MRS HARRIS Thanks, Mr Morrison. I like yer tie. Daein fine noo, aren't ye?

JOHN Fine.

MRS HARRIS Drivin a van, isn't it? They'd hae tae learn ye?

JOHN *(winking to* **MRS BONE**) Naw, I kent it by instinct.

MRS HARRIS Fancy!

JOHN Are ye ready Ernie?

MRS BONE Ernie, ye got yer fitba boots! My! Rangers'll be signin ye.

ERNEST Rangers be damned. I'm Celtic.

MAGGIE Ernie, mind yer langwidge.

ERNEST Och I ken mair nor that. I ken *(he counts on his fingers and mouths words until)* an f—

The women screech and **JOHN** *and* **MAGGIE** *reach over to clout him.*

He dodges and runs off.

JOHN *follows him as far as the door.*

MRS BONE Gaun oot, Mr Morrison? Gettin intae trainin for Hogmanay, eh?

JOHN No me. It's nae worth it. Ta ta a. Enjoy yersels.

He goes off.

MRS HARRIS I like yer decorations. Quite festive. We didna bother this year.

MAGGIE *offers tea and a piece of Christmas cake.*

Ta. Oh my! Did ye get a parcel frae the Mission?

MAGGIE Naw. John brung that in frae Lipton's. Eat up. Come on!

MRS BONE The kids at the Treat?

MAGGIE Aye. Yon ladies at the Mission's awful nice. Real toffs. *Kelvinside.* A present, and their tea, an "Away in a manger" an a wee prayer. Marina's been prayin tae Jesus for the fairy aff the tap o the tree. Whit'll I say tae the wean if Jesus disna come up tae scratch?

MRS BONE That's whit ye get for sendin her tae the Sunday School. They teachers! They tell the kids: "Ask an it shall be given ye", an there's the hale jing bang o them prayin like Hell for the yin fairy!

MRS HARRIS Aye. And the yin that gets it wull no hae it lang. The rest'll hae it's wings aff an its croon bashed afore ye can say winkie... Alec an Isa oot?

MAGGIE Aye.

MRS HARRIS Daein their Christmas shoppin, eh?

MAGGIE *(her happy face clouding)* I wouldna ken whit they're daein.

MRS BONE *(leaning across and patting* **MAGGIE***)* I wouldna worry aboot him, Maggie.

MAGGIE *(startled at first, then rattled)* I'm no worryin. I've nae need tae worry.

A knock on the door.

It's open. Come awa in.

MRS WILSON *comes in: at the sight of the trio round the table, she throws up her hands in great surprise.*

MRS WILSON Oh, a pairty? Hope I'm no intrudin?

MAGGIE Nut at a. Draw up a chair. Mind! The back legs is shoogly.

MRS WILSON I'll no swing on them. *(Accepting tea)* Ta... Aw, the lovely! Who done them?

MAGGIE John and the kids. Whit else d'ye see aside the decorations?

MRS BONE I see ye've got yer Granny back.

They all turn and look at **GRANNY** *who is asleep with her mouth open.*

MRS HARRIS I see the bed come.

MAGGIE She wis greetin tae come for her Christmas. Lizzie doesna hold wi Christmas. *(Pause: she looks round at them)* Well? I'm waitin... I'm *waitin!* Ma *hat!*

MRS BONE Well, we couldna pretend we didna notice it...

MAGGIE But ye don't like it?

MRS BONE		It's lovely, Maggie! Lovely! But –
MRS HARRIS	*(together)*	whit the hell made ye tak *red*?
		It's an awfu fierce colour.

Their voices are a confused jumble.

MAGGIE I didna pick it. It wis John. *(Shy, reminiscent)* When him an me wis coortin, I'd a red hat and he fair fancied me in it. Used tae meet at the corner o Renfield and Sauchie...

MRS BONE Simpson's Corner.

MAGGIE Aye, Simpson's Corner. Said he could see ma red hat bobbin through the Setturday nicht crowds. So its a kind o a—

MRS HARRIS I ken. It's tae mind ye o the days when ye first kissed and cuddled doon the dunny. Quite the romantic, your John. Mines wouldna hae noticed if I'd met him at Simpson's Corner wi a floral po on ma heid.

MRS WILSON Aye! Them wis the days! I mind the first time Wilson took me tae the La Scala...

MRS HARRIS The La Scala!

MRS WILSON Aye. The La Scala. Back stalls. I wis that excited I didna notice there wis silver paper on ma toffees till I wis hauf-way through the poke! Ma Goad, the pain I had in ma stummick! Thought I wis sent for! Ach well...nice tae look back on. Coortin days. They're the best. *(She sighs)*

MRS BONE Aye. Guid job we've nae crystal balls, eh? How's your Lily? Is she workin?

MAGGIE Aye, but she's aff the efternoon; she'll be comin by.

MRS WILSON A nice girl, Lily. Pity she missed the boat.

MRS BONE Considerin the number o boats that sinks, she's as weel swimmin alang by hersel. Ma Goad, Maggie Morrison, but you're right lucky. There's no mony men that's been used tae a dram and can stay TT. Mines is aye proamisin but he canna resist the smell o a cork.

MAGGIE Well, there's nae use kiddin on I didna hae ma troubles; but John's learned his lesson. He kens I'd close the door on him if he sterted up again on the bottle.

MRS BONE Wull ye tell me how ye can close the door on yer man? Mines would jist batter it doon.

MAGGIE Ye can close the doors o yer heart on him, and once ye've done that tae yer man, batterin wull no get him back in.

MRS HARRIS My! Ye're that poetic, Maggie. The doors o yer heart!

GRANNY *wakens up with a start, presumably out of a disturbing dream.*

GRANNY Aw! Aw! Whaur am I? *(Coming to)* Aw! Aw! Ma Goad! I thought they wis efter me!

MAGGIE Who, Granny?

GRANNY The men...

The women laugh.

MRS HARRIS Ye're past it, Granny.

GRANNY The bad men... They wis efter ma money.

MAGGIE Ye've been dreamin, Granny. Here's a wee cup o tea an a biscuit.

> **GRANNY** *takes her tea: she turns the biscuit over and grumbles to it quietly.*

GRANNY It's only chocolate on the wan side. Himph! Cheats!

A knock at the door.

> **MAGGIE** *opens it to* **LILY.**

LILY Hullo. Oh? Open hoose?

MAGGIE Hullo Lily. Ye're jist in time for a cup and a wee tate cake.

LILY Cake? Hev ye cut it already, Maggie? Tomorrow's Christmas. *(She looks round the company and gives them a nod and a half-smile)* Ye a well? Lookin forward tae yer Christmas stockin? *(She doesn't expect or get an answer)*

The women become subdued and a little uneasy.

Maggie! (Staring at the hat) D'ye mean tae say ye bought that? It's new!

MAGGIE No, Lily. I didna buy it; it's John's Christmas tae me.

LILY *(very dry)* Oh. Quite nice.

> **MAGGIE**'*s face falls; she takes off the hat and holds it uncertainly, stroking it. At this point* **GRANNY** *provides a diversion by dropping half her biscuit in her tea.*

GRANNY Maggie, Maggie! I've loss ma biscuit!

MAGGIE *(putting the hat down on top of the wireless set, going to* **GRANNY***)* Och Granny, ye canna dunk a chocolate biscuit. *(She fishes out the soggy biscuit with a teaspoon and feeds it to* **GRANNY***)* There, noo! Finish up yer tea an stop yer nonsense.

She turns to see **LILY** *taking the hat off the wireless and going off with it.*

Here!

LILY I'm jist gonna put it past for ye, ben the room.

MAGGIE *(with unusual command)* Leave it whaur it is! *(More quietly)* John'll like tae see it when he comes in.

LILY *shrugs. She takes a parcel from her bag and hands it to* **MAGGIE***.*

LILY Here's yer Christmas.

The women stretch their necks.

MAGGIE Aw thanks, Lily, but ye shouldna hev. I've a wee somethin for you, tae.

LILY *(smiling at her)* Ye shouldna hev.

MRS HARRIS Are ye no openin yer present, Maggie?

MAGGIE *looks enquiringly at* **LILY** *who shrugs.*

LILY If ye like; but tomorrow's Christmas.

MAGGIE *tears at the paper: the others watching to see what will emerge: a pair of yellow gloves, cotton.*

MAGGIE Aw thanks. Lily; they're jist whit I wis needin.

LILY *nods and goes across to* **GRANNY***. The women hand round and examine the gloves.*

LILY Hullo Granny. Enjoyed yer tea?

She takes her cup. **GRANNY** *gives a small belch.*

GRANNY Was yon tea? Tasted mair like co-co-a.

MRS WILSON *(about the gloves, in a whisper)* A bob the pair in Woollies.

LILY Whit's the matter wi Woolworth's if Woolworth's is a ye can afford?

MRS WILSON Lily, ye've picked me up wrang! I said she'd hae been better wi wooly yins, seein it's winter.

MAGGIE Woollen gloves is no dressy. *(She smoothes them, smiling)*

ALEC *comes in.*

ALEC Ma, Isa been in?

MAGGIE No, son.

ALEC Are ye sure?

MAGGIE Well, I hevnae seen her an I've been in a day. Is there onythin wrang, Alec?

Without answering, ALEC *goes into the bedroom.*

MRS HARRIS We must be the invisible wummen.

LILY Ye'll need tae excuse him; he never had nae mainners.

MRS WILSON He's awfy kind o white and starey-eyed.

MAGGIE *(on the defensive)* Whit d'ye mean, eh?

MRS BONE She didnae mean onythin.

MRS WILSON I juist meant – he's no lookin very weel.

MAGGIE Alec's delicate.

ALEC *comes out.*

Alec, there's tea in the pot, would ye like a cup?

ALEC Naw. Aw well – aye, I'll hev a cup.

MAGGIE *rises.*

LILY Sit doon, Maggie; I'm nearer the pot.

She gives ALEC *his tea.*

MAGGIE Whaur hev ye been a day, Alec?

ALEC Juist – roon aboot.

MRS HARRIS He's no giein onythin away, are ye, Alec?

She gives him a dig in the ribs, he jumps nervously,
spilling his tea.

ALEC Watch whit ye're daein, ye aul fool!

MAGGIE Alec!

ALEC rises in a silence.

MRS WILSON Awful pretty, the decorations, aren't they no?

LILY Aye. They fairly took wee Christopher's fancy, they
streamers and yon chain. I wish we could hae bought a
wee tree, though. Mebbe next year...

MRS BONE Yon's a lovely tree they hev in Bertie's ward in the
hospital.

ALEC is standing, staring at nothing; the women look
at each other, uneasy.

MRS WILSON Ony word o gettin him hame, Mrs Morrison?

MAGGIE No yet. But he's back frae the Sanitarium; so it
shouldnae be lang.

MRS BONE Oh? I thocht he wis gaun back tae the Sanny.

MAGGIE Gaun back tae the Sanny? Of course he's no gaun
back! The Sanny's for – whit-ye-may-call-it – ye ken...like
yon place at Saltcoats.

MRS BONE Ye mean the convalescent?

MAGGIE Aye. *(Pause)* Alec, ye've hardly touched yer tea. Are
ye nae wantin it efter yer Auntie Lily pourin it?

ALEC (*suddenly spinning round and glaring at the women*)
Aw right ! Aw right, I'll drink it if that'll shut ye up. Yous
wummen! Yap, yap, yap a day.

He slurps his tea: takes a hunk of cake MAGGIE *is timidly
proferring and turns his shoulder to the company. They
exchange looks and shrugs. A silence.*

MRS BONE Well, I'm right gled tae hear the wee chap's tae get
hame.

LILY Aye, the hoose is nae the same wi yin o them away.

MRS HARRIS, *silently, to* MRS BONE, *mouths "two" and
holds up two fingers, nodding.*

(*seeing this*) Aye.

ALEC, *still chewing, dumps down his cup and starts
for the door.*

MAGGIE Alec! Are ye gaun oot again?

ALEC Aye.

He glowers at her: she subsides nervously.

MAGGIE If Isa comes lookin for ye, whit'll we say?

ALEC (*stopping still on his way to the door*) I'll – I'll... (*Agitated*)
Never you heed! I'll see her masel... (*He looks at them all
in a half-demented way*) You'd like tae ken, wouldn't ye?
You'd like tae ken!

He hurries off. MAGGIE *rises and runs after him, right
out of the room.*

MAGGIE (*offstage*) Alec! Alec! Wait!

MRS WILSON Ken whit? Whit did he mean?

LILY *Uch!*

MRS BONE Puir Mrs Morrison. If it's nae yin o them, it's anither.
Here, Lily, we didnae tell ye we seen Jenny.

LILY Ye seen her? When?

MRS BONE Mrs Harris and me. Oh – no that lang since.

MRS HARRIS Aye no that lang efter she'd went.

LILY Where?

MRS BONE Roon aboot the Poly. It was gettin dark, but it was her a right.

MRS HARRIS Aye. Oh aye. Nae mistake.

MRS WILSON *(eagerly)* Wi a man?

MRS BONE Naw!

LILY It's a wunner.

MRS HARRIS Huh! If ye'd seen her ye wouldnae wunner. Whit a sight! *(To* **MRS BONE***)* Wasn't she no? A right mess.

MRS WILSON Fancy! Her that wis aye so smart.

LILY She was too smart for her ain guid, was oor Jenny.

MAGGIE *comes back.*

MAGGIE Whit aboot Jenny?

LILY Naethin special. Juist that it's Christmas and we were sayin – sayin how smart she aye was.

MAGGIE *(fondly)* Aye. She paid for the dressin, did Jenny... Mebbe if she could see us the night, wi the decorations, and the wireless; she's never set fit in the door since she left. Whiles I dream aboot her, and aye in the morning I'm sayin mebbe she'll... pop in on me.

LILY Dreams go by contrare-y, Maggie. She said she wouldnae come back and it's obvious she's no comin back.

MAGGIE Forget her! It's weel seen you never had a faimly, Lily. Once they've been laid in yer airms, they're in yer heart tae the end o yer days, no maitter whit way they turn oot.

There is a thumping from upstairs. **MRS BONE** *jumps up as if she had been shot.*

MRS BONE Oh Goad! That's him wakened. See ye later. Ta for the tea.

MRS BONE *runs out.*

MRS HARRIS *(rising in leisurely fashion)* Fancy that! I'd like tae see ma man thump doon for me; I'd thump him!

MRS WILSON Think I'd better move juist in case Wilson is waiting on his tea. I'll tak a wee look doon the morn tae wish ye a merry Christmas.

There is a thud on the door.

VOICE Is ma wumman there? Well, tell her tae get the Hell oot o it. I'm wantin some atten-shun.

MRS HARRIS Ask for it politely and ye'll mebbe get it!

MRS WILSON Come on, then, before he gets angry at ye.

MRS WILSON *goes.*

MRS HARRIS *(following* **MRS WILSON** *out)* It's him that's wantin *me;* I'm no needin *him. (Over her shoulder as she goes, with a coarse laugh)* 'Cept for his wages. Ta ta then. Ta ta, Granny.

MRS HARRIS *goes off.*

LILY Whit a relief!

MAGGIE Oh, they're no bad – they're coorse but kind.

LILY Aye. So lang's ye keep on the right side o them. I thought they were never goin tae shift. Mind you and me wis goin tae hae a wee run up toon an see the shops? Are ye fit for it?

MAGGIE *(brightening immediately)* Oh aye! I'll pit on ma new hat. *(She considers the sleeping* **GRANNY***)* Whit aboot her?

LILY Gie her an aspirin and stick her in bed.

They both advance on GRANNY.

Talk aboot a ball and chain!

MAGGIE Come on, Granny, waken up so's we can pit ye tae bed. You got an aspirin, Lily?

LILY Aye, I've aye got ane in ma bag.

MAGGIE Bash it up an mix it wi jam while I get her oot o her chair.

GRANNY I'm quite happy sleepin in ma chair.

MAGGIE Ye'll be mair comfortable in yer bed, Chookie.

GRANNY Whit are you up tae, eh? I aye ken when you ca me Chookie ye're up tae somethin. Ye're gaun oot! Y're gaun oot tae leave me.

LILY *(advancing with the aspirin)* Whitever gied ye that idea, Granny? Open up! Come on, that's a good girl.

GRANNY *(backing)* I'm nae needin nae medicine, Lily. Ye ken fine ma bowels is aye rinnin awa frae me.

LILY Awa an chase yersel, then.

MAGGIE *and* LILY *cackle loudly.* GRANNY *is outraged, glaring and spluttering at them.*

MAGGIE Och, it's no fair laughin at her. Swallow it doon, Granny, an ye'll get a sweetie.

GRANNY I'm no gaun tae ma bed.

LILY Ye've nae choice the night. See, here's a bit vanilla taiblet.

GRANNY *takes the tablet and looks at it suspiciously, turning it over before she puts it in her mouth. While she is chewing,* MAGGIE *and* LILY *grab her and take her off at a smart trot. Her protestations are heard off.* LILY *comes back, tidies up a bit, eats a piece of tablet, puts on her coat and hat.* MAGGIE *returns.*

Has she coorried doon?

MAGGIE Aye, nae bother. I jist whipped aff her tap things an
rolled her under the blankets. She'll dose aff fine. Come on,
quick, Lily; I'm dyin tae see they posh shops up Sauchie.
*(She sets her new hat on her head and admires herself in
the mirror)*

LILY When you've finished admirin yersel...

MAGGIE *(turning to* LILY, *happy)* Oh, Lily, this is a rare
Christmas! I'm that happy! *(Pause)* Leastways, I would be
if only...

LILY Aye I ken.

MAGGIE If I'd Bertie hame. And Jenny. Jenny was aye a great
girl for Christmas; she'd aye hang up her stocking, *(sighing)*
an orange an a penny – if she wis lucky.

LILY We aye managed something, between us, for the kids.

MAGGIE It wis you Lily. It wis you did the stockins; I hevna
forgot.

LILY I'm yer sister, for Goad's sake! Nae weans o ma ain tae
keep me aye skint. *Come oan!*

They go off.

*Blackout. Time lapse. In the distance a Salvation Army
Band is playing Christmas carols: the music gets louder
throughout the following scene.*

The lights come up slowly. Pause.

ISA *walks in: she listens: looks cautiously about her.
Slips across to bedroom, listens again at the door, then
goes inside. The sound of drawers being opened and shut.
While she is in, the band, distant, plays* **"O COME ALL
YE FAITHFUL".** *At the end of the chorus,* ISA *emerges
hurriedly with a shabby suitcase and a coat over her
arm (imitation fur). She has a smart new outfit on. She
has a look in the mirror and powders her nose, settles
her hat: then, picking up her case and coat, makes for*

the door. She opens it to find ALEC, *wild-eyed, on the threshold. For a moment she sags: then recovers.*

ALEC *(near hysteria)* So ye're back are ye? Whaur wis ye last night?

ISA *(scared but bold)* Oh, did ye miss me?

ALEC *shuts the door with his foot, then advances: she retreats.*

ALEC Whaur wis ye? Isa! Whaur wis ye?

ISA Whit does it maitter whaur I wis?

ALEC Wis ye...wi...*him?*

ISA Aye! I wis! An I'm gaun wi him an you canna haud me back.

ALEC *(deadly quiet)* Isa, I tellt ye, I tellt ye if you ever left me, I'd find ye, an I'd kill ye. *(Advancing)* You said I hadnae the guts. You laughed at me. D'ye mind? D'ye mind laughin at me? You said... I wisna a man. *(Sudden shout)* I'll show you! I'll show you!

He whips out a knife and flicks the blade. ISA *lets out a scream of fear.*

ISA *(backing)* Naw! Naw, Alec! *Naw!* Ye wouldna dae it tae me! Ye wouldna mark me!

ALEC Mark ye? *(Whispering)* Whit makes ye think I'd stop at spoilin yer face for ye?

ISA *starts to scream for help at the top of her voice. Her screams panic him: he drops his knife and chases her as she makes for the window: they struggle, he gets his hand over her mouth: she nearly gets away, and, inflamed, he gets his hands round her throat. When she is making choking noises and he feels her body going limp, he has another panic and releases her: she sinks to the ground. He bends over her, shaking. Silence except for his rasping breath. She gives a moan.*

Isa! Isa! Isa! *(He is on his knees beside her, rocking himself like a baby and weeping)*

When she is able, she struggles to a sitting position and massages her throat. She looks at his shaking shoulders with disgust.

ISA I'm still alive – but ye near aboot strangled me.

ALEC Tell me it's no true! *(Sobbing)* Tell me it's no true that ye're leavin me for Peter Robb.

ISA *(her look of scorn and disgust changing to a crafty one)* Of course it's no true. I wis kidden ye on. Wanted tae see whit ye'd dae. Ye're that saft, Alec! Ye believe everythin ye're telt. *(She stands up)* Goad! Yon wis rough, Alec! That's mair like a *man.*

He looks up at her with grateful, begging eyes: his sobs die.

I never meant yon aboot Peter. I wis tryin tae frighten ye; get ye...tae get a move on oot o this!

ALEC *(on his feet, cringing)* I wull! I wull, Isa! Jist gie me a chance!

She moves away from him; he follows her, dog-like. He suddenly sees the suitcase and turns on her.

Ye're lyin! Ye're lyin! Ye *are* gaun wi him!

ISA I'm no. Honest I'm no.

ALEC Whit's in the suitcase then? Whaur are ye gaun a dressed up?

ISA Whaur am I gaun wi the suitcase? *(Pause)* Whaur d'ye think, stupid? I've got us a room an kitchen. I canna stick it here wi Granny an the weans an yer mammy; she disna like me, yer mammy. So I says tae masel, it's up tae me tae find a place for me an Alec.

ALEC Is that right? Dae ye mean it?

ISA Why would it no be right? You an me'll get on better awa
frae here. *(She comes up very close to him)* Mind when we
had wur ain wee place? *(Her arms go round his neck)* Mind?
Mind the way ye used tae rake doon the ashes and pile on
the coals in yon aul kitchen range so's we could *(her body
pressing against his)* lie an watch the shadows on the wa?
You used tae say...firelight...wis the thing...tae see me...lyin
in the glow...

ALEC *(his arms coming slowly round her)* Aye, I mind, Isa.
I mind. I'll never loss the picture o you...you were that
beautiful...an you were mines. Oh Isa, Isa! I'd dae onythin
for ye, onything in the world if ye'd – if ye'd love me like ye
used tae. *(He is babbling against her shoulder)*

*She starts to kiss him: she kisses him until his knees
buckle.*

(Whispering) Isa...come on...there's naebody in...

*She draws away a little, measures with her eyes the
distance between suitcase and door.*

Oh, Isa, the way ye've been gaun on, ye've been drivin me
aff ma heid.

*Over his shoulder she gives a sneering grin, at the same
time stroking the back of his head and murmuring: aw!*

Isa, come wi me. *(He starts to pull her towards the bedroom)*
I canna dae wi'oot ye.

ISA Aye, Alec, sure...but a minute. I'm needin a drink efter a
that... *(She massages her neck)*

ALEC Aw, there's no drink here. Ye ken Mammy.

ISA Well, for Goad's sake, ye've shairly got a fag on ye?

*Her sharp tone makes him pathetically anxious to
please her.*

ALEC Ok aye, aye, I've got a fag.

He produces a crumpled packet of Woodbine. She takes one: waits. He feels in his pockets feverishly while she stands, cigarette between her lips, waiting. He brings out a single match, and while he is striking this on the sole of his shoe, she puts out a foot smartly and trips him up, grabs her coat, bag and case, overturning a chair as she races to the door.

ISA *goes.*

ALEC *collapses in a sobbing heap. Then, rage possesses him and he drags himself up.*

I'll get them... I'll get the baith o them.

The lights fade to blackout. The Salvation Army Band is now outside the house. The stage remains empty. The lights come up.

MAGGIE *and* **LILY** *come in. They look around the room, then at each other.*

MAGGIE Whit's been gaun oan here?

She looks towards open door of bedroom, crosses and goes in: we hear her opening and shutting drawers.

LILY *takes off her coat and hat and rights the fallen chair. In doing so, she sees the knife on the floor and exclaims, runs to pick it up: examines it fearfully.*

LILY Aw, thank God! *(She looks at it with an expression of disgust and flicks the blade back)*

MAGGIE *comes out of the bedroom.*

LILY *has quickly put the knife into her handbag.*

MAGGIE She's rin oot on him. Her clothes is awa.

LILY Whit aboot his?

MAGGIE *(shaking her head)* She's left him. *(She feels for a chair and sits down)*

LILY She didna get aff wi'oot a fight – by the look o things.

MAGGIE *gives a moan of fear and squeezes her hands together.*

MAGGIE Lily! Oh ma Goad, Lily!

LILY Naw, naw it'll be a right. He'll turn up the morn.

MAGGIE Lily, I'm feart... I wish John'd come hame.

LILY Listen! Alec hasnae the guts tae dae onythin tae her. Even if he could find her, and that's no likely. She'll be aff wi anither man.

MAGGIE An him that saft aboot her. The dirty wee bitch!

LILY So he's better aff wi'oot her. Don't you worry, Maggie. Alec kens fine the only hole he can coorie intae is here, wi his mammy.

Some rowdy revellers pass beneath the window.

Hear that lot? Drunken sots!

MAGGIE *sits slumped in misery.*

(watching her, in sudden fury) Aw the hell wi him! The rotten wee bastard! He's spoilt yer Christmas!

MAGGIE *shakes her head.*

MAGGIE I spoilt *him.* I've aye carried a load here, *(hand on her heart)* aboot Alec. I've been punished for whit I did, Lily. Punished.

LILY Naw, naw *naw!* The way Alec is had naethin tae dae wi... *(She stops, helpless)* We've had this oot afore – ye didna harm the wean, Maggie 'cept that ye've *kept* him a wean, tryin tae make up...

MAGGIE I ken. I ken. I've aye felt guilty. *(Pause)* It looks tae me, Lily, there's nae end tae trouble. Nae end tae havin the heart tore oot o ye.

LILY I don't suppose there is. It's jist life, Maggie *(Pause)* Life! Ye don't ken the hauf o it... and neither dae I. Come oan, gie me yer coat.

She pulls **MAGGIE** *to her feet, takes off her coat and gently removes the red hat which she puts back on the wireless set.* **MAGGIE** *is still in a state of shock.*

Wee cup o tea, hen?

MAGGIE *shakes her head.*

Aw, come on, come on... *(With an effort, because it is so foreign to her) darlin.*

She holds out her arms and **MAGGIE** *topples into them: they rock together soundlessly,* **LILY** *patting* **MAGGIE**'s *back. After a moment,* **LILY** *sets* **MAGGIE** *gently back in her chair and smooths her hair and kisses her.* **MAGGIE** *is now composed.*

MAGGIE Lily, I've said it often tae ye...whaur would I be wi'oot ye?

LILY I'm yer sister. Family type, me.

There is a knock on the door. **MAGGIE** *jumps to her feet and stares, scared, at the door, then at* **LILY**.

It's a right; that's no a polis knock, a wee tap like yon. I'll see.

LILY *opens the door and reveals* **JENNY**. *They look at each other,* **JENNY** *uncertainly,* **LILY** *with a hard appraisal of* **JENNY**'s *nice, but not tarty clothes, her hatless, blonded hair.*

Well, I didnae recognize yer ladyship efter a this time.

She drops JENNY *a curtsy and stands aside.* JENNY *has a swift look round the room before rushing into* MAGGIE's *arms.*

MAGGIE Oh Jenny, Jenny! The times I've dreamt o this!

She holds her off and looks into JENNY's *face, then holds her tight again.*

Why did ye no write tae me, Jenny? No even as much as a postcard.

JENNY I couldna write. And I couldna come, Mammy. *(Pause)* I've had ma troubles since I walked oot o here.

LILY Ye've got ower them noo, by the look o ye. Ye werena dressed up like a fillum star the last I heard of ye.

JENNY Mebbe no, Autie Lily. *(To* MAGGIE*)* Can I...tak aff ma coat?

MAGGIE *eagerly rushes to receive it: she smooths it, smiling, lays it tenderly over the back of a chair.*

Whaur's the others? The weans? An Alec and Isa? An – ma daddy?

MAGGIE The kids went tae the Mission treat; Alec an Isa's... *(She drives her fingers through her hair)* They're oot tae.

LILY But no taegether. We think she's fun a sugar-daddy. *(Pause while she looks hard at* JENNY*)* There seems tae be quite a few aboot. Funny that! I heard there wis a depression on...

JENNY *turns her back on* LILY.

JENNY Mammy, Bertie...

MAGGIE Oh, Bertie's gettin on fine. Still in the hospital, but gettin on fine.

JENNY *(gently)* Mammy, I've been up. I've seen the Sister and the doctor. Mammy, you and ma daddy's got tae *dae* somethin! The Sister said she spoke tae ye, and the Lady Almoner, I seen her tae. Mammy, why d'you no listen tae them at the hospital?

MAGGIE *(guilty and bewildered)* I dae... I try...but I get that excited. They hospitals make me feart and ma heid gets intae a kind o a buzz. When I'm oot the gate I canna rightly think back on whit they said tae dae...

LILY Jenny, whit're ye gettin at?

JENNY Mammy seems tae think they're lettin Bertie hame; but they're no. *No here.* No tae this. Mammy, ye've tae see the Corporation for a Cooncil hoose.

MAGGIE A Cooncil hoose! A Cooncil hoose! Yer daddy's been up tae that lot till he's seeck scunnert. Ye've tae wait yer turn in the queue.

JENNY But if they kent aboot Bertie—

LILY Is this whit brought ye back, Jenny?

JENNY It's whit gied me the courage tae come. Least – it was ma daddy's face...in the water; *(more to herself than the others)* there wis lights shimmerin on the blackness...it kind o slinks alang slow, a river, in the night. I was meanin tae let it tak me alang wi it.

MAGGIE *gives a gasp.*

MAGGIE Whit kind o talk is this, Jenny? Did ye no think o us. Yer daddy an me?

JENNY Think o ye? Oh aye, Mammy, I thought o ye. But thinkin jist made me greet. I was that ashamed o masel... Isa and me, we were that rotten tae ye, the things we said.

MAGGIE That's a bye, Jenny.

JENNY Naethin's ever *bye*, Mammy; it's a there, like a photy-album in yer heid... I kept seein ma daddy, the way he used tae sing tae me when I wis wee; I seen him holdin ma bare feet in his hands tae warm them, an feedin me bread an hot milk oot o a blue cup. *(Pause)* I don't know where you were, Mammy.

LILY Ben the back room wi the midwife, likely. *(Pause)* It's as weel ye came tae yer senses; yon's no the way tae tak oot o yer troubles; a river. But ye're daein fine noo? Ye merriet?

JENNY No.

LILY Oh. Livin in sin, as they ca it these days, eh?

JENNY *(suddenly flaring up)* Aye, if ye want tae ca it sin! I don't. The man I'm livin wi is kind, an generous.

LILY Oh aye, we can see that. We've had an eye-fu o yer wages o sin.

MAGGIE *(mournful)* Aw Jenny. I whisht ye'd earned it.

LILY *(coarse laugh)* Oh, she'll hae earned it, Maggie. On her back.

MAGGIE *Lily!*

LILY So the Bible's a wrang, is it? The wages o sin's nae deith, it's fancy hairdos an a swanky coat an pure silk stockins.

JENNY You seem tae ken yer Bible, Auntie Lily. I never pretended tae. But I'm happy, an I'm makin *him* happy. We've a nice wee flat in a clean district, wi trees an wee gardens.

LILY A wee love-nest oot west! Great! Juist great – till yer tired business man gets tired o you an ye're oot on yer ear.

JENNY Well, you hevnae changed, Auntie Lily. I've got tae laugh at you.

LILY Laugh awa. I'm no mindin. I've kept ma self-respect.

JENNY Aye. An that's aboot a ye've got.

MAGGIE Oh, stop it! Stop it! *(Her hands to her head)* I wis that happy—

JENNY Mammy, I'm sorry. We'll sit doon properly an talk.

She draws a couple of chairs together, deliberately excluding LILY *who moves off a little, but keeps within ear-shot and stands, back resting against the table – or the dresser – watching.*

I've got plans for you.

MAGGIE Plans?

JENNY Aye. For gettin yous a oot o this.

MAGGIE Och Jenny, pet; you wis aye fu o dreams.

LILY Aye. Dreams. Fairy-tales. She went awa an impident wee bizzom an she's come back on Christmas Eve, kiddin on she's a fairy wi a magic wand.

JENNY *(not even looking at* LILY*)* Listen, Mammy. We canna wait for a hoose frae the Cooncil, it'll tak too lang; but mind! Ye've tae get ma daddy tae speak tae them.

MAGGIE *nods.*

So, while ye're waitin, ye're goin tae flit tae a rented hoose.

MAGGIE Jenny, ye need a lot o money tae flit!

JENNY I've got that.

JENNY *opens her handbag and produces a roll of notes that makes* MAGGIE*'s eyes bulge. She gasps.*

There's plenty for the flitting and the key money forbye.

JOHN *comes in. He stops at the sight of* JENNY *and at first his face lights up: then his lips tighten.*

JOHN Well! Well! *Well! (Pause)* Whit's brought you back tae the nest? The Christmas spirit?

MAGGIE *John!*

JOHN Oh aye, I can see you two's fallen on each others necks. *(Pause)* But I've no forgotten the way you walked oot o this hoose.

JENNY *(head bent)* I mind. I'm sorry.

JOHN So am I. *(Pause)* And there's somethin else I mind.

> JENNY *looks up at him. Pause.*

I mind nights when your mother sobbed hersel tae sleep worryin an frettin aboot you.

> JENNY *bends her head again.*

MAGGIE That's a past, John.

JOHN She sobbed hersel tae sleep, night efter night; and I had tae lie aside her an listen. *(Pause)* I didna care very much for you, Jenny, lyin there listenin.

> *There is a silence.* MAGGIE *starts to comb her hair.*

LILY Well, she's hame noo, an Maggie's happiness wis shinin oot o her face till you came in wi yer Holy Joe stuff.

JOHN You keep oot o this; it's faimily business.

LILY Oh, I'm no in it; I'm jist an interested spectator.

JOHN *(to* JENNY, *after a good look at her clothes)* I don't suppose ye're thinkin o bidin.

JENNY No.

JOHN Naw. I didna think ye'd be for bidin. *(He picks up her coat, has a good look at it, flings it aside)*

JENNY And neither is ma mammy bidin! Or the kids! You can dae whit ye like. I'm takin a hoose for them in a decent piart o the toon.

JOHN You're daein *whit?*

MAGGIE It's true John. Jenny says—

JOHN I'd an idea I wis the heid o this hoose.

MAGGIE John, listen! Jenny's got the key money, an she kens—

JENNY I've a friend factors property; I can get ye a four room an kitchen, rare an open, near a park. An... I'll can help ye wi the rent.

JOHN Oh, you'll can help wi the rent? Oh, very fine! Very fine! I'll fair enjoy havin ma rent paid by one o your fancy men.

JENNY Mammy, tell him why.

MAGGIE It's – it's Bertie. The hospital's no lettin him back here.

JENNY It's rotten, this hoose. Rotten. Damp. Ye ken yersel. It's a midden lookin oot on ither middens. It's got rats, bugs—

MAGGIE No bugs, Jenny! We've never had bugs!

JENNY There's ithers roon aboot us that has. Daddy, if Bertie comes back here, he'll – he'll never get better.

JOHN But but he's gettin on well. They tellt us that at the hospital. *(To MAGGIE)* Didn't they no?

MAGGIE *(agitated)* Aye, but they did say something aboot it... asked me questions, the Lady Almoner did—

JOHN Whit questions? Why did you no tell me aboot this?

MAGGIE I didna want ye worryin. I didna think there wis onythin tae be done.

JOHN If there is onythin tae be done, it'll be done by me.

LILY Well, why did ye no *dae* somethin? When wis you up at the Cooncil last aboot yer hoose? Yer hoose that's aye supposed tae be comin, *some* day. Trouble wi you, ye've nae fight in ye.

JOHN I tellt you tae keep oot o this!

LILY Why should I? Maggie's ma sister! An I've had tae fight hauf your battles for ye, John Morrison, or the hale lot o ye would hae been oot on the street mair than once!

JOHN cannot answer: his hatred of **LILY** *and her truth turns his mouth to a grim line: his hands open and close, open and close. The others wait for him to speak.*

MAGGIE *(with a placating smile and a note of pleading)* John, it's juist a wee help till we get a Cooncil hoose wi a wee bit garden at the front and a real green tae hang oot the washin.

JENNY *(holding out her fat roll of notes)* I've got the cash. Ca it a loan if ye like.

MAGGIE There's plenty for the flittin and the key money.

JENNY Fifty pounds. *(She comes forward and offers it to* JOHN*)*

JOHN Ye can tak that back tae yer fancy man. We're wantin nane o yer whore's winnins here.

MAGGIE *John!*

LILY *(shouting)* It's no for you! It's for Bertie an the ither weans, ye pig-heided fool!

JOHN *(to* JENNY*)* If ye'd earned it, I'd be doon on ma knees tae ye. But ye're no better than a tart. We tried wur best tae bring you up respectable so's ye could marry a decent fella—

JENNY Marry a decent fella! I never had a chance! Every time I got whit you would ca a decent fella an he saw me hame frae the dancin, he'd tak one look at the close an that's the last I'd see o him. Did you ever provide me wi a hoose I could bring a decent fella hame to? Did ye?

JOHN I done ma best! There's naebody can ca me a lay-about! I worked when there wis work tae get!

LILY Oh, ye must mind, Jenny, he's no tae blame. Nae man's ever tae blame. It's they dirty rotten buggers in Parliament, or they stinkin rich bosses—

JOHN Haud yer rotten tongue, ye frozen bitch!

JENNY *(with a sudden sour laugh)* I've often thought the way it would be when I came hame. I was gonna make up for the way I left ye. An here we are, Christmas Eve, fightin ower ma – whit is it? – ma whore's winnins. I've been savin an savin so's I could help ye, an mak friends again, an be happy.

She cries, head bent, standing forlornly before **JOHN**
who looks down on her grimly. **MAGGIE** *watches, waits:*
then suddenly she stops combing her hair and rises. She
takes the money out of **JENNY**'s *hand and interposes*
herself between them.

MAGGIE *(with uncharacteristic force)* An so we wull be happy!
Whore's winnins, did ye ca this? An did I hear ye use the
word "tart"? Whit wis I, when we was coortin, but *your* tart?

JOHN *is startled and shocked.*

(in an urgent whisper imitating the **JOHN** *of her "coortin"*
days) Let me, Maggie, g'on, let me! I'll mairry ye if onythin
happens—

JOHN *(a hurried, shamed glance towards* **LILY***)* Stop it, Maggie!
Stop it!

He moves away from **MAGGIE**, *but she follows, still*
whispering. **LILY**, *arms akimbo, eyes a-gleam, laughs*
coarsely, and hugs herself.

MAGGIE Aye, I wis your whore. An I'd nae winnins that I can
mind o. But mebbe it's a right bein a whore if ye've nae
winnins. Is that the way it goes, John? *(Pause. She draws*
breath and her voice is now bitter) And don't you kid yersel
that I didna see the way ye looked at yer ain son's wife trailin
aboot the hoose wi her breasts fa'in oot o her fancy claes.
(Coming right up to him and completing his humiliation
before **LILY** *and* **JENNY***)* I'm no sae saft I didna ken why
it wis. *(Urgent whisper)* Maggie! Come on, quick, ben the
back room...lock the door...it'll no tak minutes—

JENNY Mammy, Mammy! *Stop!*

JOHN *has sunk into a chair. He covers his face with his*
hands. There is a silence: **MAGGIE**'s *breathing loses its*
harshness: she looks down upon him: she sags.

MAGGIE Aw...aw... *(She wipes her face with her hands and sighs)* Aw, I shouldna have said they things.

LILY Why no? Ye wouldna hae said them if they wisna true.

MAGGIE *(shaking her head)* Naw. There's things atween husbands an wives shouldna be spoke aboot. I'm sorry. I lost ma heid.

JENNY *(kneeling at her father's feet)* Daddy... Daddy...forget it. It disnae matter. Daddy? *(She tries to draw his hands from his face)* When I wis wee, you loved me, an I loved you. Why can we no get back?

He does not answer, but he lets her take one of his hands from his face and hold it in both of hers.

MAGGIE Dinna fret yersel, Jenny. I can manage him... I can aye manage him.

She is still holding the roll of notes. She looks away into her long-ago dream and a smile breaks over her face.

(very softly) Four rooms, did ye say, Jenny? *(Pause)* Four rooms. Four rooms...an a park forbye! There'll be flowers come the spring!

Curtain.

FURNITURE AND PROPERTY LIST

ACT I

Scene One

Onstage: Dresser. *In drawer*: tin opener, cutlery, etc. *In cupboard*: pans. *On it*: crockery, bowl of sugar, loaf of bread, knife, butter, tea, teapot, milk, jar of jelly
Sink (practical). *By it:* towels
Draining board. *On it*: soap, flannel, glass, tin tray, spoons, etc.
Kitchen range. *On it:* kettle
Table
Chairs
Rocking chair
Food cupboard
Pile of laundry for ironing
Nappies on a string across fireplace
Key hanging on wall
Mirror
Sash window (practical)
Window curtains closed
Bed recess curtains closed

Offstage: Dummy (**Edie**)
Shopping bag containing tin of baked beans, bottle of cough mixture (**Lily**)
Library books (**John**)

Personal: **Mrs Wilson**: bag of sweets

Scene Two

Set: Mattress with pillows, blankets and old coats

Check: Window curtains closed

Offstage: Battered suitcase, bags, etc. containing various belongings (**John, Alec** and **Isa**)

Personal: **John**: packet of Woodbine cigarettes, box of matches

ACT II

Scene One

Strike: Used crockery, library books, battered suitcase and bags

Set: Mattress, bed-ends and bedsprings against wall
Bags containing various items, including sweets
Window curtains open

Offstage: Child's clothes and boots (**Maggie**)
Suitcase (**Jenny**)

Personal: **Granny**: handbag containing pension book

Scene Two

Strike: Child's clothes and boots

Set: Library book

Offstage: Shabby bag, small jar of jelly (**Maggie**)
Loaf, tin of milk, parcel of chips (**Maggie**)

Personal: **Maggie**: purse containing coins

ACT III

Strike: Loaf, parcel of chips, etc.

Set: Christmas decoration, vase of paper flowers, etc.
Wireless set
Brass pieces with duster
Christmas cake and box of biscuits

Offstage: Brown bag containing red hat with price tag attached (**John**)
Shabby suitcase, imitation fur coat (**Isa**)

Personal: **Lily**: handbag containing a wrapped pair of yellow cotton gloves
Isa: handbag containing powder compact
Alec: flick-knife, crumpled packet of Woodbine cigarettes, single match
Jenny: handbag containing fat wad of notes

LIGHTING PLOT

Property fittings required: nil

Interior. The same scene throughout

ACT I, Scene One. Winter evening

To open: Full general lighting with exterior effect through window

Cue 1   **Maggie**: "No, she's no gettin they beans."   (Page 26)
            Fade to blackout

ACT I, Scene Two. Midnight

To open: Full general lighting with exterior effect through window

No cues

ACT II, Scene One. Winter afternoon

To open: Full general lighting with exterior effect through window

Cue 2   **John**: "...fir whit ye canna help."   (Page 56)
            Fade to blackout

ACT II, Scene Two. Winter afternoon

To open: Full general lighting with exterior effect through window

No cues

ACT III

To open: Full general lighting with winter afternoon effect through window

Cue 3	**Lily** and **Maggie** go off	(Page 89)
	Blackout; pause, then slowly bring up	
	general interior lighting with night	
	exterior effect through window	

Cue 4	**Alec**: "I'll get the baith o them."	(Page 93)
	Fade to blackout; when ready bring up	
	lighting as previous cue	

EFFECTS PLOT

ACT I

Cue 1	**Ernest** climbs back on to the sink *Noises from above indicating a brawl;* *getting louder*	(Page 15)
Cue 2	**John** opens the window *Crowd of drunks passing by singing* *as script, with mouth organ* *accompaniment*	(Page 32)

ACT II

No cues

ACT III

Cue 3	To open *Jazz music from wireless set*	(Page 72)
Cue 4	**Maggie** fiddles with wireless knob *Jazz music changes to radio station* *search; then choirboys singing carols* *from wireless*	(Page 72)
Cue 5	**Maggie** turns down the choristers *Fade carols from wireless*	(Page 74)
Cue 6	**Maggie** knocks on the ceiling *Answering thump from above*	(Page 76)
Cue 7	**Maggie**: "...no maitter whit way they turn oot." *Thumping from upstairs*	(Page 87)
Cue 8	Blackout. Pause *Salvation Army Band in distance* *playing Christmas carols (including* *"O Come All Ye Faithful"); becoming* *louder as scene progresses*	(Page 89)

Cue 9	Blackout	(Page 93)
	Salvation Army Band plays carols right outside house then starts to move away to the distance	
Cue 10	**Lily:** "...wi his mammy."	(Page 94)
	Rowdy revellers pass beneath the window	

VISIT THE SAMUEL FRENCH BOOKSHOP AT THE ROYAL COURT THEATRE

Browse plays and theatre books, get expert advice and enjoy a coffee

Samuel French Bookshop
Royal Court Theatre
Sloane Square
London
SW1W 8AS
020 7565 5024

Shop from thousands of titles on our website

samuelfrench.co.uk

samuelfrenchltd

samuel french uk